VENCEDOR
Intencional

EL PODER DE VIVIR CON PROPÓSITO Y SUPERAR LOS OBSTÁCULOS

MIGUEL CALZADO

@Primera edición - 2024

Vencedor Intencional
El poder de vivir con propósito
y superar los obstáculos
Por Miguel Calzado Polanco
Copyright © 2024

Editado por Publicaciones GenTv
Gentv S. R. L. RNC 132785908
Email: publicacionesgentv7@gmail.com
+57-321-997-2015

República Dominicana

Todos los derechos reservados. Ninguna parte de esta publicación puede ser reproducida, almacenada en un sistema de recuperación o transmitida, en ninguna forma ni por ningún medio, ya sea electrónico, mecánico, fotocopiado, grabado o de cualquier otra manera, sin el permiso por escrito del autor.

ISBN: 978-1-964282-31-2

Contacto del autor:

http://Miguelcalzado.com

VENCEDOR
Intencional

MIGUEL CALZADO

CONTENIDO

Dedicatoria	7
Agradecimientos	8
Prólogo	9
Preámbulo	11
Introducción	12

Capítulos

I. El poder de tus pensamientos	15
II. Las acciones son el resultado de los pensamientos	37
III. Técnicas de liderazgo intencional	59
IV. La micro elección alimento al subconsciente	67
V. El poder de la fe	79
VI. El despertar	101
VII. El nivel consciente racional y el nivel subconsciente irracional	121
VIII. Cómo elegir tu círculo interno de manera intencional	151
IX. Persuasión, percepción y posesión	165
X. El autosabotaje	171

CONTENIDO

XI. La fisiología del mundo invisible — **179**

XII. Secretos de sabiduría — **187**

XIII. El miedo al fracaso — **201**

XIV. La iglesia moderna: Industria de la comercialización de la fe — **217**

XV. Una mentalidad de reino — **249**

FINAL. El poder de una vida intencional — **259**

Conclusión — **262**
Biografía — **265**

Dedicatoria

A Dios, por guiar cada paso de mi camino y por darme la fuerza para transformar mi vida.

A mi amigo y hermano Trevor Dublin, MSW, LNHA: Gracias por tu amor y apoyo incondicional, que me desafían e inspiran a diario a ser la mejor versión de quien Dios me creó para ser.

Al Apóstol Santiago Ponciano, gracias por mostrarme que todo pasa, y que mis mayores aliados siempre serán Dios y el tiempo.

Awilda Onaney, te di muchos dolores de cabeza, pero lo logramos.

Al Dr. John Williford, gracias por ayudarme a dejar atrás mi antiguo yo y abrazar este nuevo viaje de autodescubrimiento y sanación.

Y específicamente dedico este libro a la memoria de mi padre Hilario, mi mejor amigo y maestro.

Y a Mi querida madre, Maximina la verdadera vencedora y Guerrera, tú completas con excelencia todo lo antes mencionado, eres todo eso y mucho más.

*Los amo profundamente a ambos.
Gracias por estar siempre junto a mí.*

Agradecimientos

A Dios y a ustedes. 512 & 722

Prólogo

En un mundo donde la rutina y las distracciones a menudo nos arrastran, la obra de Miguel Calzado Polanco nos invita a detenernos y reflexionar sobre cómo estamos viviendo nuestras vidas. Este libro nos guía a través de un viaje transformador hacia la vida intencional, revelando las ventajas de tomar las riendas de nuestro destino y de aprovechar el maravilloso poder del subconsciente.

Desde la primera página, el lector se sentirá envuelto en un aura de posibilidad. Donde el autor combina su profunda comprensión espiritual con experiencias personales y ejemplos prácticos que hacen que sus enseñanzas sean accesibles y aplicables. Nos recuerda que todos somos capaces de moldear nuestra realidad, y que el primer paso hacia el cambio comienza con la intención.

A lo largo de este libro, descubriremos cómo nuestros pensamientos y creencias, muchas veces arraigados en nuestro subconsciente, influyen en nuestras decisiones y en la calidad de nuestra vida. Esta obra nos ofrece herramientas concretas para reprogramar nuestra mente, liberándonos de las limitaciones autoimpuestas y abriéndonos a un mundo de posibilidades.

Vivir intencionalmente no solo significa establecer metas, sino también cultivar una conexión profunda con nosotros mismos y con lo que realmente valoramos. En cada capítulo, nos anima a ser conscientes de nuestras elecciones diarias y a alinearlas con nuestro propósito. A través de su enfoque, aprenderemos a transformar nuestros sueños en realidades tangibles.

Este libro es más que una guía; es una invitación a despertar. A lo largo de sus páginas, nos muestra que el poder de cambiar nuestras vidas reside en nosotros, y que, al vivir de manera intencional, podemos crear un futuro lleno de significado, alegría y plenitud.

Te invito a sumergirte en esta obra. Permítete explorar y descubrir el potencial que habita en tu interior. Este es el momento de dar el primer paso hacia la vida que siempre has deseado.

 *«Este es el momento de ser un vencedor intencional».*

Preámbulo

En el vasto paisaje de nuestra existencia, a menudo nos encontramos atrapados entre las demandas del día a día y las aspiraciones más profundas que resuenan en nuestro interior. *"Vencedor Intencional"* surge como una guía para aquellos que desean superar las limitaciones del momento presente y abrazar una vida plena y significativa.

Este libro explora el poder transformador del subconsciente, un recurso inexplorado que puede convertirse en nuestro aliado más poderoso en la búsqueda de una vida intencional. Comprendiendo cómo nuestros pensamientos y creencias moldean nuestra realidad, aprendiendo a dirigir nuestra mente hacia la abundancia, la paz y el propósito.

Además, nos sumergiremos en el ámbito espiritual, donde la conexión con Dios se convierte en el pilar fundamental de nuestro desarrollo personal. Al fortalecer nuestra fe y cultivar una relación más cercana con lo divino, descubrimos que la vida no es solo un camino de obstáculos, sino una serie de oportunidades para crecer, aprender y servir.

Tomemos juntos este viaje de autodescubrimiento y transformación. A lo largo de las páginas que siguen, encontrarás herramientas prácticas, reflexiones profundas y testimonios inspiradores que te ayudarán a convertirte en el arquitecto de tu realidad. Es hora de vivir con intención, de ser un verdadero vencedor en la vida.

Bienvenido a "Vencedor Intencional"

Introducción

>  *"Solo los que viven una vida intencional se convierten en vencedores. Una vida intencional es el mejor maestro para el éxito".*

El objetivo de este libro es ayudar al lector a que sus pensamientos operen de manera positiva, y pueda alcanzar y disfrutar de los beneficios del subconsciente mediante la práctica constante de acciones intencionales. Es importante entender que la forma en que una persona reacciona ante crisis, problemas o dificultades refleja la presencia de múltiples eventos del pasado, ya sean positivos o negativos.

Nuestra reacción inconsciente ante sorpresas, problemas, dolor e incluso felicidad, revela las experiencias que hemos acumulado desde nuestra niñez. Frecuentemente, estas experiencias dirigen nuestras reacciones ante los problemas cotidianos, haciendo que nuestra falta de intencionalidad se convierta en nuestro peor enemigo.

Desarrollar una vida intencional significa no tomar decisiones en el calor o la pasión del momento, sino detenernos a analizar las reacciones y las consecuencias que nuestra acción puede ocasionar. Por ejemplo: Preguntarnos: ¿Qué quiero lograr o alcanzar luego de enviar este correo electrónico o al realizar esta llamada? ¿Qué quiero lograr al hacer ese comentario?

Ser intencional significa comprender que cualquier acción o decisión tomada sin un análisis cuidadoso, puede conducir a conflictos y problemas repentinos. Una vez que dominamos esta área, abriremos la puerta al conocimiento, y tendremos la habilidad de programar nuestro subconsciente en las áreas más importantes de nuestras vidas.

Visualicémoslo de esta manera: nuestra mente consciente y sub consciente es el terreno donde sembramos la semilla de nuestros pensamientos. Estos pensamientos se desarrollan en nuestra mente, ya sean buenos o malos; nuestra mente no hace distinciones, simplemente los acepta y genera los frutos sin importar su naturaleza.

No importa cuál sea el pensamiento (semilla) que plantemos, nuestra mente (tierra) tiene la función de desarrollarlo. De hecho, la Biblia explica claramente que la única manera de mostrar lo que hemos sembrado, es dejar que el fruto crezca con el tiempo. Cuando existen patrones negativos desde temprana edad, es probable que los resultados sean traumas y hábitos autodestructivos, que a menudo perjudican el entorno social, físico y emocional del individuo. Estos trastornos muestran lo que se ha formado en su mente inconsciente y restringen al individuo de alcanzar el propósito para el cual fue creado.

Existen dos fechas importantes en la vida de una persona: que es el día en que nace y el día en que descubre el propósito de su existencia. La habilidad de cultivar pensamientos positivos y practicar buenos hábitos en nuestra vida diaria, hace que nuestro subconsciente sea dirigido por acciones intencionales. Nuestra mente construye conscientemente áreas importantes de nuestras vidas, como la destreza en el manejo de los negocios, cambios en nuestra salud y alcanzar prosperidad o libertad financiera, metas que en algún momento pensamos que eran milagros difíciles o casi imposibles de lograr.

Hoy estás tan solo a un paso de descubrir este maravilloso mundo. Mi anhelo es que, con este material, puedas desarrollar y poner en práctica un estilo de vida que permita que tu mente trabaje siempre a tu favor; y que logres disfrutar de los beneficios que siempre has anhelado.

Aprenderás a vencer el miedo al fracaso y a traumas del pasado, abrirás la puerta a la prosperidad en tu vida, disfrutando de paz, armonía y salud interna, al igual, podrás instruir a otros para que desarrollen su potencial mediante una vida intencional.

"No os conforméis a este siglo, sino transformaos por medio de la renovación de vuestro."
Romanos 12:2

CAPÍTULO I

EL PODER DE TUS PENSAMIENTOS

«Sobre toda cosa guardada, guarda tu corazón; porque de él mana la vida»

En nuestro subconsciente residen las respuestas a todas las preguntas que nos hemos hecho a lo largo de los años. Por ejemplo:

- ¿Cómo podemos descubrir el secreto de ser prósperos y evitar la pobreza?
- ¿Por qué algunas personas reaccionan con temor y ansiedad ante una situación, mientras que otras actúan con fe y confianza?

- ¿Cómo es que algunas personas han encontrado la clave del éxito, mientras que otras enfrentan constantes fracasos en la misma carrera profesional?
- ¿Por qué algunas personas superan enfermedades incurables, mientras que otras no logran sanarse de un simple resfriado?
- ¿Alguna vez te has preguntado por qué algunas personas tienen éxito en todo, disfrutan de bienestar emocional y financiero, mientras que otros enfrentan dificultades?

Lo alarmante de todo esto es que, conscientemente, hemos aceptado estas conductas como normales y, a la vez, justificamos la mediocridad en la que vivimos.

El propósito principal de este libro es que el lector logre desarrollar de manera consciente un estilo de vida sano, tomando decisiones intencionales que beneficien su vida en sentido general. La información y las enseñanzas que aquí exponemos te mostrarán cómo desarrollar eficazmente el funcionamiento del subconsciente en el mundo físico.

Para esto, lo primero que debemos entender es que la ley que domina nuestra mente es espiritual e inmutable. Es decir, su esencia es celestial y nunca podrá ser alterada. Esto permite que todo lo que pensemos o decidamos hacer, sea bueno o malo, se manifestará tarde o temprano en el mundo físico.

El primer paso que daremos para iniciar esta jornada es mejorar la manera en que resolvemos los eventos que enfrentamos a diario; de esta forma, lograremos identificar lo que causa distracción y desconexión espiritual en nuestras vidas. Cada oportunidad de desarrollo espiritual, personal y financiero que perdemos es causada por la ausencia de paz.

 *"La ausencia de paz atrae guerra y miseria".*

La paz es imprescindible para que el mundo pueda funcionar de manera efectiva. "Nunca se puede construir en tiempo de guerra". La mejor manera de reconectar nuestra mente a su estado original es mediante la paz, la oración y la meditación.

"Mi paz os dejo, mi paz os doy; yo no os la doy como el mundo la da."

La oración hace que el subconsciente esté en constante conexión espiritual y ayuda a desarrollar una vida íntegra. Hacer de la oración y la meditación una actividad diaria e intencional en nuestras vidas removerá el resentimiento y la falta de perdón, los cuales afectan constantemente el pensamiento efectivo y el bienestar emocional. Esto permitirá al individuo alcanzar una mayor paz interior y claridad mental.

La decisión de vivir de manera intencional traerá cambios positivos en el rendimiento de tu salud física y emocional. Al hacerlo, le darás permiso a tu subconsciente para que pensamientos positivos gobiernen tu mente, evitando el autosabotaje.

Como resultado, lograrás manifestar en el mundo físico eventos positivos que antes creías imposibles. Estos cambios te permitirán desarrollar el potencial para cambiar tu destino.

 *"Tu vida ha sido predestinada al éxito".*

En la vida, los resultados que obtenemos son el reflejo de nuestros pensamientos y acciones que tomamos. Al igual que un efecto dominó, la falta de intención puede causar daños colaterales en nuestras vidas.

>  *"Es tu responsabilidad cambiar el rumbo de tu destino".*

Ser intencional en tus acciones y pensamientos te da la habilidad de mejorar de manera habitual, en todo lo que se forma y se manifiesta a tu alrededor. Como seres espirituales, creados a imagen y semejanza de Dios, el soplo de Su Espíritu en nosotros nos da acceso ilimitado al mundo espiritual. Rom. 8:17

"Y si somos hijos, somos también herederos; herederos de Dios y coherederos con Cristo."

Como antes mencionamos, tu mente es la tierra donde se siembra la semilla; tus pensamientos son los frutos que brotarán de tu mente inconsciente. Solo se manifestará en el mundo físico lo que ya has sembrado en tu mente. Tú eres el único en control de determinar si esos frutos serán buenos o malos. Cuando practicas acciones intencionales, el subconsciente se nutre de energía positiva y bienestar, lo que permite que lo que pidas se manifieste en el mundo físico.

"El hombre bueno, saca lo bueno del buen tesoro de su corazón, y el hombre malo, saca lo malo del mal tesoro de su corazón, porque de la abundancia del corazón habla la boca." Lucas 6:45

Como seres pensantes, los seres humanos tienen la habilidad de construirse o destruirse a sí mismos mediante el poder del pensamiento. Dependiendo de cómo piense, puede hacer que su vida sea exitosa y saludable, feliz y armoniosa; pero si sus pensamientos están desconectados de la fuente de sabiduría, pueden llevarlo al fracaso.

"Porque separados de mí nada podéis hacer."

En algunos casos, también hay personas que, al ser víctimas de la ignorancia, permiten que su entorno traiga influencias negativas en sus vidas, causando daños significativos. No creo que las personas tengan pensamientos negativos deliberadamente, excepto en algunos eventos. Sin embargo, soy fiel creyente de que la mayoría tiene buenas intenciones y desea hacer el bien; pero pueden encontrarse en el lugar y el momento equivocado. La cárcel y el cementerio están llenos de personas que tuvieron la desdicha de haber estado en el lugar y en el momento equivocado, y que inconscientemente tomaron una mala decisión. ¿Cuántas veces hemos escuchado la frase, *"discúlpame, no fue mi intención,"* cuando ya es demasiado tarde?

Mi objetivo es enseñar a jóvenes, hombres y mujeres la importancia de fortalecer los pensamientos intencionales y ejercitar los buenos hábitos, para obtener beneficios de bienestar emocional, físico y mental. También quiero enseñarles a realizar un autoanálisis cuidadoso para evaluar la fuente de donde provienen los consejos con los que conscientemente alimentan su mente, ya que de estos dependerán sus reacciones en momentos de crisis.

"los consejos son buenos o malos, dependiendo de la información que provee el emisor".

El Pensamiento Efectivo

 *"Tú eres el arquitecto de tu propia vida, puedes construirla o destruirla a través del poder de tus pensamientos".*

El pensamiento efectivo es como el arte del alfarero que toma un trozo de barro y lo transforma en una obra maestra. Este proceso, aunque aparentemente sencillo, requiere tiempo, paciencia y una voluntad inquebrantable. Del mismo modo, nuestros pensamientos deben ser moldeados, reconstruidos y reformados constantemente para alcanzar su máxima pureza y efectividad. Imagina que cada pensamiento es como una semilla, pequeña y delicada, que colocas cuidadosamente en tus manos.

Al principio, puede parecer insignificante, pero con el cuidado adecuado, la semilla comienza a germinar, crecer y convertirse en algo vital. Sin embargo, no cualquier semilla prospera sin el entorno adecuado: necesita agua, luz y nutrición para florecer. De la misma forma, nuestros pensamientos necesitan ser guiados, nutridos y moldeados para convertirse en herramientas poderosas que transformen nuestras vidas.

El taller del alfarero es el escenario perfecto para entender este proceso. El barro es colocado sobre la rueda, y bajo la presión constante de las manos del alfarero, toma forma. Sin embargo, a veces el barro se desmorona, la figura se deforma o se rompe. El alfarero no lo desecha; en lugar de eso, lo vuelve a colocar en sus manos, lo humedece y comienza de nuevo el proceso, una y otra vez, hasta que la pieza alcanza la forma deseada.

Así sucede con nuestros pensamientos. Muchas veces, nuestros patrones mentales se ven distorsionados por experiencias dolorosas, dudas o temores. Sin embargo, al igual que el alfarero que no se rinde ni desecha el barro, sino que en lugar de eso lo coloca en sus manos, lo humedece y comienza de nuevo el proceso, una y otra vez, hasta que la pieza alcanza la forma deseada.

Este proceso de reconstrucción puede ser largo y, en ocasiones, doloroso. Romper viejos hábitos de pensamientos, superar creencias limitantes y dejar atrás el miedo requiere un esfuerzo consciente. Pero es un trabajo necesario si queremos que nuestras mentes se moldeen a la imagen de lo que realmente deseamos ser.

Cada vez que un pensamiento negativo surge, es como una grieta en la figura del barro. Debemos aprender a ser como el alfarero, que detecta esa imperfección y la corrige antes de que la pieza se hornee y quede permanentemente marcada. El pensamiento efectivo se trata de la intencionalidad de tomar nuestras imperfecciones y reformarlas, sabiendo que el proceso de transformación nos llevará a ser versiones mejores de nosotros mismos.

El dolor de este proceso no es inútil; cada golpe, cada presión sobre el barro, lo fortalece. Al igual que el barro en nuestras manos, que al principio parece débil, pero que con el tiempo se convierte en algo fuerte y vital. Nuestros pensamientos, cuando son moldeados y pulidos de manera efectiva, se vuelven poderosos, nos permiten no solo sobrevivir, sino prosperar.

La mente, al igual que el barro, es moldeable. Y aunque el proceso de cambio es arduo y muchas veces incómodo, es esencial. Cada pensamiento transformado es un paso más hacia la creación de una obra maestra interior que refleje lo mejor de nosotros.

El pensamiento es el mayor poder que el ser humano tiene a su disposición. A través del pensamiento colectivo, cada nación puede alcanzar la paz y la prosperidad o sumirse en la pobreza y la desgracia.

Todo aquello en lo que un hombre piensa, en eso se convierte. El pensamiento es el resorte principal de todas las acciones y, por medio de él, la mente y el espíritu se comunican para atraer todas las circunstancias que se manifiestan en tu entorno.

Pensamientos y Acciones de una Vida Intencional

Tus pensamientos no son solo reflejos internos, sino fuerzas poderosas que moldean tu realidad. Cada pensamiento que albergas, consciente o inconscientemente, alimenta tus acciones y define el curso de tu vida. Tus pensamientos determinan el tipo de personas que atraerás a tu entorno: amigos, parejas y compañeros de trabajo. Estas interacciones son un espejo de tu estado interior. Si tus pensamientos están llenos de paz, amor y confianza, atraerás relaciones saludables. Si, por el contrario, están llenos de temor, inseguridad o resentimiento, eso se reflejará en quienes te rodean.

El estado de tu mente también se manifiesta en tu bienestar general. Una mentalidad positiva no solo fomenta una vida emocional sana, sino que también abre la puerta a la prosperidad. Tus pensamientos intencionales, aquellos que eliges con determinación y propósito, son la clave para desbloquear tus potenciales más elevados o, por el contrario, pueden sabotear tu progreso si permites que el negativismo y la duda predominen.

Al igual que un empresario exitoso proyecta seguridad y determinación, tus pensamientos pueden manifestar prosperidad o pobreza en tu vida, y esto no se limita solo a lo material. Un pensamiento positivo y claro puede conducir a una vida de éxito emocional y mental. Aquellos que piensan constantemente en el fracaso o el miedo inevitablemente se verán atrapados por él. Por eso, es fundamental que alimentes tu mente con ideas que te fortalezcan y te impulsen hacia adelante.

La vida intencional comienza con la decisión consciente de alinear tu mente y tus acciones hacia un propósito claro. Cada pensamiento es una semilla que, si la cultivas correctamente, florecerá en una vida plena y significativa.

 *"En lo que un hombre piensa y se enfoca la mayor parte del tiempo, es en lo que se convertirá".*

El Pensamiento Libre de Límites

El pensamiento es una fuerza espiritual de gran magnitud, capaz de definir el éxito o el fracaso en la vida. Aquellos que no logran aprovechar su poder suelen ser quienes renuncian a sus sueños y proyectos, eligiendo lamentarse por errores pasados. Este hábito mental les priva de la capacidad de percibir y aprovechar nuevas oportunidades, limitando su crecimiento personal y espiritual.

Cuando el pensamiento se orienta de manera positiva y optimista, se activa un poder interno que atrae el bien y facilita el desarrollo de hábitos saludables. El éxito, entonces, no se mide únicamente por la cantidad de victorias, sino por la persistencia con la que se enfrentan y superan los desafíos cotidianos.

El verdadero triunfo no radica en no caer nunca, sino en la resiliencia de quien, a pesar de las caídas, encuentra la fuerza para levantarse una y otra vez hasta alcanzar la victoria. La clave está en la intencionalidad de los pensamientos. Pensar con sabiduría y propósito fomenta el desarrollo de una vida equilibrada, en la que las dificultades no son obstáculos permanentes, sino peldaños hacia un destino superior.

En este proceso, el individuo aprende que las derrotas momentáneas no definen su valor ni su potencial, sino que cada caída es una oportunidad para reconstruirse más fuerte y avanzar con mayor determinación.

El Pensamiento Armónico

Las acciones que ejecutamos en la vida son una consecuencia directa de los pensamientos que permitimos habitar en nuestra mente. Estos pensamientos actúan como semillas que, dependiendo de su naturaleza, germinan en comportamientos constructivos o destructivos. Para dirigir nuestra vida hacia la plenitud, es esencial comprender que el pensamiento, en su núcleo más profundo, es la causa de todas las decisiones que tomamos y debe ser gobernado por una combinación de inteligencia intencional, inteligencia emocional y sabiduría estoica.

Una Mente Dirigida por la Inteligencia Intencional

La inteligencia intencional es la capacidad de pensar y actuar con propósito. No se trata simplemente de tener ideas, sino de cultivar pensamientos con una intención clara y firme. Este tipo de pensamiento nos permite desarrollar una visión para nuestra vida y asegurarnos de que nuestras acciones estén alineadas con esa visión. Cuando cultivamos una mente intencional, evitamos que la vida nos pase de largo y, en su lugar, tomamos el control de nuestro destino.

Ser intencional implica seleccionar conscientemente las influencias que permitimos en nuestro entorno mental. Aquello en lo que enfocamos nuestra atención se convierte en la base de nuestras acciones y, por ende, de nuestros resultados.

La persona que cultiva la inteligencia intencional sabe que los pensamientos positivos y enfocados en el crecimiento personal le permiten avanzar de manera constante hacia sus metas, mientras que los pensamientos dispersos o negativos solo generan caos y estancamiento.

Inteligencia Emocional: Una Mente Dirigida

Si la inteligencia intencional es la brújula que nos guía, la inteligencia emocional es el timón que nos permite maniobrar a través de las tempestades de la vida. Es la habilidad de reconocer, comprender y gestionar nuestras emociones, así como las de los demás. Las emociones son una forma de pensamiento, aunque a menudo se manifiestan de manera más visceral y menos lógica. Sin embargo, cuando aprendemos a trabajar con ellas de manera inteligente, se convierten en aliadas poderosas en el camino hacia la plenitud.

La inteligencia emocional nos enseña a no dejar que las emociones dominen nuestras acciones, pero tampoco a ignorarlas. En cambio, aprendemos a equilibrar nuestras emociones con el pensamiento racional, reconociendo que nuestras acciones reflejan el estado emocional en el que vivimos. Una persona emocionalmente inteligente puede mantener la calma en situaciones de estrés y tomar decisiones basadas en la razón y no en la impulsividad.

Esta habilidad nos permite navegar por la vida con una estabilidad interna que se refleja en nuestras relaciones, en nuestras decisiones y en nuestra percepción de nosotros mismos.

Sabiduría Estoica: La Mente Resiliente

Finalmente, la sabiduría estoica nos proporciona las herramientas para sobrellevar los desafíos inevitables de la vida con dignidad y serenidad. El estoicismo nos enseña que no podemos controlar todo lo que sucede a nuestro alrededor, pero siempre podemos controlar nuestra respuesta.

Según los estoicos, nuestras acciones no deben depender de las circunstancias externas, sino de nuestra virtud interna: aquello que controlamos. La clave del pensamiento estoico radica en aceptar la realidad tal como es, sin quejarnos ni resistirnos a lo inevitable.

Este tipo de pensamiento nos brinda la capacidad de enfrentar la adversidad con una mente clara y una voluntad firme, sabiendo que la vida no siempre será fácil, pero que nuestras reacciones son lo único que podemos dominar.

Al aplicar esta sabiduría a nuestras vidas, desarrollamos resiliencia, que es la capacidad de mantener la paz interior y la claridad mental en medio de las tormentas emocionales o los fracasos personales.

Cómo Practicar estos tres Pilares para Disfrutar de una Vida Plena

Cuando combinamos la inteligencia intencional, la inteligencia emocional y la sabiduría estoica, creamos un marco sólido para una vida plena.

- **La inteligencia intencional** nos asegura que estamos caminando hacia un propósito definido.

- **La inteligencia emocional** nos permite conectarnos de manera profunda y significativa con los demás.

- **Y la sabiduría estoica** nos prepara para las dificultades de la vida, manteniéndonos firmes en nuestra esencia.

El pensamiento, como causa de nuestras acciones, debe estar sostenido por estos tres pilares. No es suficiente solo pensar de manera positiva o estratégica; es esencial que aprendamos a gestionar nuestras emociones y a cultivar la resiliencia. Cuando nuestros pensamientos están alineados con un propósito, nuestras emociones están bajo control, y practicamos la aceptación de las circunstancias que no podemos cambiar, nuestras acciones reflejarán coherencia, sabiduría y autenticidad. El camino hacia una vida plena comienza con el reconocimiento de que nuestros pensamientos son la causa de todas nuestras acciones.

Al entrenar nuestra mente a través de la inteligencia intencional, la inteligencia emocional y la sabiduría estoica, podemos dirigirnos hacia una existencia llena de propósito, paz y resiliencia.

No podemos controlar todo lo que sucede en nuestra vida, pero sí podemos controlar cómo respondemos a ello. Y es en esa respuesta, nacida de pensamientos profundamente cultivados, donde se encuentra la clave para una vida plena y satisfactoria.

¿Qué Contiene tu Equipaje?

Hace años, mientras esperaba un vuelo de conexión en Los Ángeles, CA, escuché a una pareja de esposos hablar sobre artículos olvidados que necesitaban para disfrutar de sus vacaciones.

Aprendí que no importa la distancia o la frecuencia con la que viajes, ya sea dentro o fuera de tu país o estado, es claro que empacarás lo necesario para que tu viaje sea placentero. Lo que contenga tu equipaje determinará a dónde vas y cuánto tiempo durarás en tu destino final.

De esa misma manera funciona nuestra mente. Los pensamientos de impureza e inmoralidad sexual, ira, y otros tantos que empacamos en el equipaje de nuestra mente, activan espíritus de destrucción que afectan nuestro funcionamiento y bienestar físico, emocional y mental. Su misión es alterar la estabilidad del sistema nervioso, llevarnos a tomar decisiones impulsivas y bloquear el funcionamiento del subconsciente.

Los pensamientos repetidos y los patrones mentales se graban en nuestro subconsciente, afectando nuestras relaciones y comportamientos a largo plazo.

Ser intencional en nuestros pensamientos significa elegir conscientemente pensamientos positivos y constructivos, lo que puede llevar a una vida más plena y satisfactoria.

Al fomentar pensamientos de bien, creamos un ciclo positivo en el que la gratitud y la esperanza se convierten en parte de nuestra vida diaria.

En resumen, cultivar pensamientos positivos y ser consciente de lo que permitimos en nuestra mente puede tener un impacto significativo en nuestro bienestar y en el rumbo de nuestras vidas.

En el viaje de la vida, tu destino final será determinado por los pensamientos que gobiernan tu mente. Solo tú tienes el control total para elegir lo que añades en ella.

Las emociones que muestra un individuo están siempre relacionadas con el ambiente en el que se desarrolló durante su niñez y adolescencia. Es en esa etapa donde se construye el carácter que definirá el manejo de la conducta y las decisiones que se tomen conscientemente. Esto se reflejará en tres de las principales áreas de la vida: física, financiera y espiritual.

Si en el hogar se enseña al niño a tener confianza en sí mismo, es normal que esté dispuesto a intentar cosas nuevas y a vencer sus miedos. Estos suelen ser más curiosos y disfrutan al experimentar nuevas experiencias. Este estilo de vida fortalece su confianza y les ayuda a descubrir su potencial desde una edad temprana. En contraste, aquellos que crecen en un ambiente inseguro suelen ser más reservados y tímidos, y llegan a ser esclavos de sus emociones.

Aunque esta observación tiene un alto porcentaje de veracidad, es importante destacar que es posible cambiar el curso de los pensamientos mediante decisiones conscientes y la práctica constante de un estilo de vida intencional. Cada persona tiene la habilidad de cambiar las estadísticas de predestinación relacionadas con el lugar o ambiente en el que creció, comenzando desde su subconsciente.

MIGUEL CALZADO

La Mente Irracional… Una Herramienta de Vida y un Arma Mortal

Nuestra mente tiene el poder y la habilidad de crear resultados diferentes ante la misma situación. A menudo, cometemos actos autodestructivos al permitir y desarrollar pensamientos negativos que afectan nuestra capacidad intelectual. Por un lado, nuestra imaginación puede crear obras de arte majestuosas, diseños únicos, canciones e ideas sobrenaturales. Por otro lado, existen sonidos, olores y sabores que pueden causar desequilibrios emocionales y enfermedades mentales debido a pensamientos negativos que se adhieren en el subconsciente.

Por ejemplo, el ayuno puede promover la salud, y es uno de los métodos más efectivos para el crecimiento espiritual. Sin embargo, un ayuno forzado de pocos días, bajo condiciones de estrés o necesidad, puede comprometer drásticamente la salud e incluso causar la muerte. Un ayuno voluntario de hasta seis semanas, realizado para desintoxicación o cura de alguna enfermedad, puede realizarse seguramente y ofrecer resultados beneficiosos.

El pensamiento que se produce en la mente envía información al subconsciente, el cual puede experimentar miedo y temor debido al tiempo que ha pasado sin comer. Esto puede causar daños irreparables en el individuo, no por la falta de alimentos en sí, sino por el poder de la imaginación.

La Concentración y la Disciplina

La concentración y la disciplina son las herramientas más poderosas para superar malos hábitos y aprender técnicas específicas en las que puedes administrar toda tu atención y energía de forma productiva. La disciplina te ayudará a desarrollar hábitos saludables, que beneficiarán tu vida de manera positiva.

VENCEDOR Intencional

Si lo vemos desde el autodominio, podremos observar cómo la concentración nos permite dirigir nuestros pensamientos, dándonos el poder de controlar nuestras reacciones en situaciones desafiantes.

Además, la concentración nos ayuda en todo lo que deseamos que suceda en nuestras vidas y en nuestro entorno. La concentración es la clave para el éxito en el mundo de los negocios; puede llevarnos a resultados extraordinarios y a lograr un progreso significativo en nuestra carrera profesional. Si se logra entender la importancia de la concentración y la disciplina en la vida cotidiana y profesional, se crearán vínculos fuertes y significativos con quienes nos rodean, y también se podrán generar oportunidades únicas para el desarrollo de proyectos, empresas y lugares de empleo.

El entrenamiento de la voluntad intencional es otro pilar fundamental en el proceso de entrenar nuestra mente hacia la concentración y la disciplina. Aprender a fortalecer nuestra voluntad a través de prácticas de concentración nos permite enfrentar desafíos con mayor resiliencia y determinación. Una mente concentrada nos ayuda a canalizar nuestra energía mental de manera eficiente, mejorando nuestro rendimiento y claridad mental.

Si aprendemos a utilizar la concentración como aliada, nos brindará la oportunidad de desarrollar todos los proyectos que hemos deseado, sin importar qué tan difíciles parezcan. La concentración y la disciplina son eslabones claves en la cadena del éxito personal y profesional. El éxito de cualquier proyecto depende de la capacidad para enfocar todos los pensamientos en lo que se está haciendo. La concentración requiere de mucha práctica y esfuerzo.

Así que, no te desanimes si al principio te cuesta mantener tu total atención en un proyecto o tema, pocos logran hacerlo fácilmente. Nuestro cerebro, de manera curiosa, se concentra más fácil en lo que nos perjudica, que en aquello que nos beneficia. Sin embargo, esta tendencia puede superarse con la práctica consciente e intencional de nuestras acciones. Si dedicas tiempo cada día a practicar ejercicios de concentración, pronto desarrollarás estabilidad y habilidades esenciales que te guiarán a alcanzar lo que te propongas.

Concentración y Disciplina… Garantías del Éxito

La concentración y la disciplina son necesarias para vivir de manera intencional y aprovechar el poder del subconsciente. Aquí te presento cómo cada uno de estos elementos contribuyen con el desarrollo y bienestar personal:

- **Concentración**

Enfoque en objetivos:

La concentración nos permite dirigir nuestra atención hacia metas específicas, ayudándonos a ser más productivos y efectivos en nuestras acciones.

Reducción de distracciones:

Al concentrarnos, minimizamos las distracciones externas e internas, lo que facilita mantenernos en el camino hacia nuestros objetivos.

Mejora del aprendizaje:

Una buena concentración facilita la comprensión y retención de información, lo que es esencial para el crecimiento personal y profesional.

Fortalecimiento de la mente:

Practicar la concentración regularmente puede mejorar nuestra capacidad mental y agilidad, ayudándonos a enfrentar desafíos con mayor claridad.

Deshazte de las trampas de distracción:

La mejor herramienta para la concentración es eliminar distracciones como el teléfono, las redes sociales y la televisión mientras trabajas en un proyecto.

- **Disciplina**

    Establecimiento de hábitos:

    La disciplina nos ayuda a formar y mantener hábitos positivos, que son fundamentales para lograr nuestras metas a largo plazo.

    Resistencia ante la adversidad:

    La disciplina nos permite perseverar a través de dificultades y mantenernos enfocados en lo que realmente importa, incluso cuando surgen obstáculos.

    Autocontrol:

    Fomenta la capacidad de resistir impulsos y tentaciones, lo que facilita tomar decisiones más alineadas con nuestros valores y objetivos.

    Consistencia:

    La disciplina es la clave para ser constantes en nuestras acciones, lo que a su vez genera confianza y seguridad en nosotros mismos.

    Creencias y patrones:

    La concentración y la disciplina nos ayudan a establecer creencias positivas y patrones de pensamientos que se integran en nuestro subconsciente, moldeando nuestra identidad.

    Visualización:

    Al concentrarnos en nuestras metas y practicar la disciplina, podemos utilizar técnicas como la visualización, que refuerzan en nuestro subconsciente la imagen de nuestro éxito.

    Manifestación de intenciones:

    Cuando somos intencionales y disciplinados en nuestros pensamientos y acciones, comenzamos a manifestar nuestros deseos y aspiraciones en la realidad.

Transformación personal:

A medida que nuestro subconsciente se alimenta de pensamientos y creencias positivas, experimentamos un crecimiento personal y emocional, lo que mejora nuestra calidad de vida.

La combinación de concentración y disciplina nos permite vivir de manera más intencional, aprovechando el poder de nuestro subconsciente para transformar nuestros pensamientos y acciones en resultados tangibles y positivos. Al cultivar estas habilidades, podemos crear una vida que refleje nuestras verdaderas aspiraciones y valores.

Los puntos presentados aquí son prácticas y ejercicios probados, diseñados exclusivamente para que observes mejoras desde el principio, lo cual te motivará. Al despertar por las mañanas, estas prácticas te ayudarán a encontrar formas en las que puedes ayudarte a ti mismo. El ser humano es maravilloso, pero necesita ser entrenado y desarrollado para alcanzar su máximo potencial.

Cualquier persona puede realizar un gran trabajo si se aplica para hacer lo mejor que puede. Sin embargo, incluso el más talentoso o inteligente de un grupo no lograría mucho sin concentración, apoyo y esfuerzo. Quienes parecen menos capaces a menudo logran lo que los más dotados no pueden, transformados por el poder casi mágico de una gran concentración y disciplina mental. Por otro lado, los más talentosos solo alcanzarán logros modestos si carecen de este poder y se refugian únicamente en el talento.

Logramos más mediante la disciplina que mediante la condición física. No siempre el más apto físicamente es quien desempeña mejor un rol, sino quien tiene mayor disciplina; esto incrementa todas sus posibilidades de tener éxito, convirtiendo tanto su trabajo como su vida en un arte.

VENCEDOR Intencional

El progreso proviene del esfuerzo individual. La concentración y la disciplina están diseñadas para que puedas aprender a enfocarte en mejorar continuamente y aplicar la concentración en la vida diaria. Este arte está diseñado para llevarte al éxito y guiarte hacia una perfecta armonía con las leyes que conducen al triunfo.

Si aplicas los métodos de concentración intencional de forma efectiva, se abrirán caminos internos que te conectarán con las leyes eternas y su inagotable fuente de verdad, y descubrirás tu conexión intacta con el mundo espiritual.

¿Cómo Funciona la Concentración?

Para entender cómo funciona el arte de la concentración, lo primero que debemos hacer es romper con los hábitos negativos que están arraigados en nuestro estilo de vida y, al mismo tiempo, comenzar a crear nuevas normas de disciplina que promuevan la productividad.

Cada persona posee dos naturalezas. Una nos impulsa hacia adelante y la otra nos incita a retroceder. La que decidamos ejercitar determinará nuestra personalidad. Ambas naturalezas luchan por ganar el control, pero solo nuestra voluntad intencional decide el resultado. Mediante un esfuerzo supremo de disciplina y pensamientos positivos, una persona puede cambiar completamente su trayectoria y lograr lo que casi parecería imposible. Solo por medio de la intencionalidad se logra la conexión espiritual en el subconsciente y se consiguen cambiar costumbres que nos han arrastrado al fracaso.

Al final, se trata de una elección personal. tú decides si permitir que tu naturaleza superior te guíe o dejarte dominar por los impulsos negativos que atacan tus pensamientos debido a la falta de concentración. Nadie está obligado a hacer algo que no desee, y cada uno tiene el poder de dirigir su propia vida, si así lo decide.

MIGUEL CALZADO

¡Elige hoy ser intencional!

CAPÍTULO II

LAS ACCIONES SON EL RESULTADO DE LOS PENSAMIENTOS

«Un pensamiento positivo puede inspirar entusiasmo y motivación, mientras que uno negativo puede generar dudas y miedo»

Los seres humanos somos moldeables y podemos ser completamente dirigidos por nuestra fuerza de voluntad intencional. Las acciones son la acumulación de pensamientos habituales y de elecciones personales. Sin embargo, existe el peligro de que nuestra mente se sienta abrumada por opiniones ajenas que colocan un velo ante nuestra visión, limitándonos a ver nuestro potencial. Por ejemplo, a menudo escuchamos decir: "Es natural en él o ella" o

VENCEDOR Intencional

"A lo mejor es un reflejo de sus padres", implicando simplemente que están repitiendo lo que hicieron sus progenitores. Aunque esto suele ser común, no hay razón para que sea una norma inquebrantable, ya que una persona puede romper un hábito en el momento en que decide firmemente hacerlo.

Una persona puede considerarse ineficiente toda su vida, pero desde que decide cambiar y comprometerse consigo misma, obtendrá resultados positivos, transformará por completo su entorno y superará las limitaciones de toda su vida. Una persona que aprenda cómo opera la concentración intencional puede cambiar repentinamente y lograr grandes cosas en su entorno, desde transformar una situación irreparable hasta cambiar un diagnóstico médico.

Todo comienza en la mente. Las creencias que tenemos sobre nosotros mismos y el mundo influyen en cómo interpretamos nuestras experiencias. Por ejemplo, si pensamos que somos capaces de lograr nuestros sueños, es más probable que tomemos medidas hacia ellos.

Nuestros pensamientos generan emociones. Un pensamiento positivo puede inspirar entusiasmo y motivación, mientras que uno negativo puede generar dudas y miedo. Las emociones actúan como catalizadores para nuestras acciones.

Las acciones son la manifestación de nuestros pensamientos y emociones. Si estamos motivados y creemos en nuestras capacidades, es más probable que tomemos decisiones audaces y proactivas. Si nuestras acciones están alineadas con pensamientos positivos, los resultados tienden a ser satisfactorios y nos acercan a nuestras metas. Finalmente, los resultados alimentan nuestros pensamientos.

El éxito genera confianza, y la confianza refuerza la creencia en nuestras capacidades, creando un ciclo de virtudes y buenos resultados.

Herramientas para Cultivar Pensamientos Positivos.

A continuación, se presentan cinco herramientas prácticas que puedes utilizar para fomentar pensamientos positivos y vivir de manera intencional:

- **Diario de Gratitud:**

  Dedica unos minutos al día para escribir tres cosas por las que estás agradecido. Esto fomentará una mentalidad positiva al enfocarte en lo bueno de tu vida, reduciendo la negatividad.

- **Visualización:**

  Imagina con detalle tus metas y sueños como si ya se hubieran logrado. Siente las emociones asociadas con ese éxito. La visualización refuerza la creencia en tus capacidades y te motiva a actuar en consecuencia.

- **Afirmaciones Positivas:**

  Crea afirmaciones que refuercen tus cualidades y objetivos. Repite estas afirmaciones diariamente. Las afirmaciones ayudan a reprogramar tu subconsciente, sustituyendo pensamientos negativos por creencias fortalecedoras.

- **Meditación y Mindfulness (atención plena):**

  Practica la meditación o mindfulness para calmar la mente y ser consciente de tus pensamientos sin juzgarlos. Estas prácticas te ayudan a identificar y gestionar pensamientos negativos, promoviendo una mentalidad más equilibrada y positiva.

- **Rodearte de Influencias Positivas:**

  Elige cuidadosamente tu entorno, incluyendo las personas con las que interactúas y el contenido que consumes (*Ten cuidado a quién le prestas tu oído*).

VENCEDOR Intencional

Un entorno positivo y de apoyo te ayudará a mantener una mentalidad optimista y motivadora. La conexión entre pensamientos y acciones es poderosa. Al ser conscientes de nuestros pensamientos y practicar herramientas que fomenten lo positivo, podemos amplificar nuestro potencial y vivir de manera intencional.

Cultivar una mentalidad positiva no solo fortalece nuestro subconsciente, sino que también nos prepara para enfrentar desafíos y alcanzar nuestras metas. La clave está en dar el primer paso: elegir pensamientos que nos eleven y nos impulsen hacia el éxito.

A veces, puede que sientas que ya no tienes oportunidad de alcanzar o realizar tus sueños; pero con un sólido esfuerzo de voluntad y una mente decidida, alcanzarás el éxito. Desarrollarás tu potencial, crearás nuevas oportunidades y serás una bendición para todos los que te rodean.

> *No es cierto que las oportunidades llamen a nuestra puerta solo una vez; he aprendido que somos nosotros quienes debemos crearlas.*

Lo que para una persona es una oportunidad, a menudo es lo que otra ha dejado pasar. El pensamiento es el motor, y tomar acción es la transmisión. Cuando una persona se dispone, no existen situaciones que le impidan alcanzar su meta.

Cuando lo único que haces es pensar: "*Lo Haré*", sin tomar acción, postergarás tus metas. A diferencia de cuando adoptas un estilo de vida intencional, no postergarás el proyecto y avanzarás sin elaborar excusas; en ambos casos, tendrás la misma oportunidad. Pero si no aprovechas el momento, te lamentarás por las oportunidades perdidas y caerás en el error de culpar a otros, aunque la verdadera causa siempre será tu propia decisión.

Cuando un conductor se distrae y se da cuenta de que ha pasado la ruta que debía tomar, su reacción será intentar retroceder forzosamente para retomar el camino apropiado. Pocas veces estos eventos traen buenos resultados, ya que pueden provocar daños tanto al conductor como a otros a su alrededor, que no están al tanto y tampoco tienen la culpa de lo que ha ocurrido. De igual forma, cuando alguien pierde el enfoque y se da cuenta de que ha perdido su oportunidad, se convertirá en un peligro y no solo para sí mismo, sino también para quienes lo rodean.

Las oportunidades se presentan en cualquier momento, de cualquier manera y en cualquier lugar, tu responsabilidad es estar listo. Si esperas que alguien te diga lo que tienes que hacer, siempre estarás un paso atrás. Identificar las oportunidades y actuar de inmediato es lo que te hará crecer cada día. La iniciativa es lo único que diferencia a los líderes de los seguidores.

Si nunca logras tomar decisiones propias y confiar en ti mismo, siempre estarás gobernado por aquellos que sí pueden. Estar en el lugar correcto no garantiza el éxito; puedes estar en un lugar lleno de oportunidades, pero si tu visión y tus metas están en oposición, te será imposible alcanzar el éxito.

Al adoptar una mentalidad intencional y entrenar tu subconsciente, todo lo que visualices y te propongas podrá convertirse en realidad. No hablo simplemente de pensar y esperar resultados inmediatos; la fe actúa como la llave que abre las puertas hacia las oportunidades que ya están destinadas para nosotros. Pero tener esa llave no sirve de nada si no la usas de forma intencional para ejecutar físicamente la idea y abrir la puerta. Tienes que provocar tu propio éxito y crear situaciones de triunfo de manera intencional.

Para lograr esto, al igual que en un trabajo de construcción que no puede realizarse solo con las manos, debes adquirir herramientas que te ayuden en esta jornada y fortalezcan tu conocimiento. Invierte en seminarios de educación emocional, lee libros que promuevan el desarrollo de ideas, escucha podcasts de motivación y evita desperdiciar tiempo en actividades que no promuevan el desarrollo del intelecto.

No obstante, reconozco que algunas personas a menudo no se benefician al máximo de estas herramientas por no poner en acción física lo que están estudiando. Un libro, una conferencia motivacional o un taller pueden despertar habilidades y potenciales que existen dentro de nosotros. Sin embargo, solo escuchar y no ejecutar nunca te llevará a obtener resultados positivos. El conocimiento que guiará al éxito se alcanzará solo adoptando una acción intencional y poniendo en práctica el material que consumes. Un viejo refrán dice:

"Puedes llevar El Caballo a la fuente, pero no puedes obligarlo a beber".

El aprendizaje sin ejecución es inútil.

Los Efectos del Pensamiento en la Salud.

El pensamiento afecta nuestra salud mucho más de lo que generalmente creemos. Sabemos que las enfermedades hereditarias, la mala elección de alimentos y los hábitos de vida poco saludables desempeñan un papel vital en el área de la salud. Sin embargo, también lo hacen el pensamiento y las emociones, ya que estas son despertadas y amplificadas por nuestras experiencias emocionales. Las causas de la mala salud son, sin duda, más profundas, y aunque no siempre comprendemos o podemos explicar las causas subyacentes de las enfermedades y trastornos, me gustaría mencionar dos o tres que podrían activarse por pensamientos y desórdenes de conducta.

Primero, es importante comprender que la salud es un estado de normalidad en el cuerpo humano, es decir, no se basa en daños emocionales. Sin embargo, muchas veces sentimos que nuestra salud puede estar comprometida por el resentimiento y la ansiedad, lo cual puede superarse con terapias al cultivar el hábito de tener pensamientos de:

- **Pureza:** Utilizar la autosugestión para fomentar una mentalidad positiva.
- **Buena voluntad:** Practicar el perdón y la comprensión desde un enfoque empático.
- **Descanso y ejercicio regular:** No solo promueven la salud física, sino también el bienestar mental.

Me gustaría explicar este concepto de manera más clara, y para ello usaré un ejemplo concreto. Muchas personas ignoran el peligro asociado con la promiscuidad, la lascivia y la impureza sexual. Aunque es importante realizar exámenes físicos periódicos, estos reportes médicos suelen enfocarse únicamente en las infecciones de transmisión sexual.

En mi opinión, una de las causas fundamentales de la mala salud e incluso de enfermedades, es la impureza de pensamientos, derivada de la falta de moralidad e integridad del individuo. Los resultados de los exámenes clínicos pueden detectar diversas enfermedades de transmisión sexual, pero la falta de moral sexual no se refleja en ningún documento.

La salud espiritual generalmente promueve dejar de pensar en enfermedades y malestares, y en su lugar, enfocarse en la salud, el buen ánimo, la empatía y la plenitud.

Independientemente de que alguien goce de una buena condición de salud física, no está exento de que sus pensamientos puedan desencadenar enfermedades internas desastrosas y repentinas. Es decir, los pensamientos pueden afectar drásticamente y de manera fulminante a ciertos órganos vitales del cuerpo. Sin embargo, una mente saludable ayuda a que el cuerpo funcione mejor, y a su vez, un cuerpo sano genera bienestar emocional y evita enfermedades.

A través de nuestra salud y energía emocional, nuestro subconsciente rechazará la contaminación y nos mantendrá alejados de malos pensamientos. Las acciones intencionales de nuestra mente consciente generan pensamientos de buena voluntad. El odio, los rencores, los prejuicios y los pensamientos de venganza son destructores de la salud; al igual que la pornografía, la promiscuidad, la lascivia, la pasión por la impureza sexual y sentimientos similares causan muerte espiritual. Sin embargo, es posible cultivar pensamientos de buena voluntad y misericordia. Estos generan hábitos saludables, alejan los males que cautivan el pensamiento y, a su vez, promueven la salud física y espiritual.

Nos colocan en un estado de armonía con el propósito subyacente de la vida, en conexión con Dios, y operando bajo las normas del amor y el servicio.

Sin duda, si la mayoría de nosotros lograra superar los resentimientos y daños provocados por traumas del pasado, probablemente muchos no experimentaríamos enfermedades que nacen en la mente y se desarrollan físicamente.

La preocupación y la ansiedad son estados mentales similares y pueden ser, al menos, una causa contribuyente en muchas enfermedades graves. Muchas dolencias graves aparecen después de un período de tensión, ansiedad y estrés; incluso las adicciones, como el alcoholismo y la drogadicción, que perjudican la salud física y mental, a menudo son creadas y precipitadas por la preocupación.

La única forma de evitar estos males espirituales es siendo intencionales en mantener un comportamiento moral y espiritualmente saludable, cultivando pensamientos que se alineen con el bienestar, y rechazando los deseos e impulsos inmorales que nos desconectan de la integridad del subconsciente.

>  *"Deja que la virtud engalane tus pensamientos incesantemente; entonces tu confianza se fortalecerá en la presencia de Dios."*

Podemos cultivar pensamientos sanos que promuevan la salud al realizar ejercicios físicos y mentales, como levantarse temprano y dedicarse a la jardinería, la lectura y la meditación.

Ahora bien, calificar todos los deseos naturales como perversos e impuros no es la mejor manera de afrontar la dificultad. La única manera perfecta es pensar por encima o más allá de las necesidades físicas. Debemos razonar y dejar que el Espíritu de Dios aconseje nuestra mente consciente de manera intencional. Es importante señalar que, en realidad, no hay nada que beneficie al pensamiento que reside en la inmoralidad sexual y en la promiscuidad.

De igual manera, la pornografía es el mayor fraude y trampa del mundo de las tinieblas, creada para desgastar el pensamiento funcional y productivo del subconsciente. Esfuérzate en promover y reforzar la práctica del pensamiento eficiente y moral, invirtiendo tiempo en lo que respecta al amor y la pureza espiritual. Esto desarrollará mayor virtud, mantendrá tu mente saludable y despierta para una comunicación espiritual sana y eficiente.

Tu Opinión Hacia los Demás Habla de Quién en Verdad eres

La paz interior nos permite tener la paz con todos. Para ello, siempre es bueno ver las cualidades positivas en los demás y analizar la situación sin apresurarnos a juzgar sus defectos o errores. No importando lo difícil que se torne la situación, siempre habrá algo que aprender de cada persona que cruza senderos en nuestra vida, lo importante es que logremos ver cada oportunidad como una herramienta de conexión y servicio, donde nuestras ideas puedan mejorar sus vidas.

Descubrir tu propósito en la vida y alcanzar la prosperidad y la riqueza se basa en desarrollar una habilidad y ponerla al servicio y disposición de los demás sin esperar nada a cambio. Cuando te enfocas en reconocer las cualidades positivas de alguien, no solo lo animas y ayudas a mejorar, sino que también te beneficias de la conexión espiritual que formamos al establecer una buena relación. En la mayoría de los casos, este tipo de conexión se convierte en un activo muy valioso.

"Todos recibimos lo que damos, y siempre daremos lo que somos."

En cualquier lugar del mundo, siempre habrá personas sin importar su estatus social, económico, raza o idioma, incluso aquellos con mayor fuerza y determinación emocional, que experimentarán momentos en los que necesitarán motivación y apoyo emocional. Por eso, es beneficioso formar el hábito de ayudar y ser amables con los demás.

Muchos de nosotros aprendimos durante la catastrófica crisis de COVID19 que nunca sabemos lo que está ocurriendo en la vida de los demás. Los humanos somos frágiles y vulnerables a nuestras emociones y sentimientos, por lo que es muy importante tratar a las personas que te rodean como te gustaría que te traten a ti. Nunca sabes qué situación está atravesando quien está a tu lado en este preciso momento.

¡Realiza esta práctica!

Donde quiera que te encuentres leyendo este libro, por favor, solo pausa por 30 segundos y regálale una sonrisa a la persona más cercana a ti, sin importar si es un desconocido. Al hacer esto, se liberan hormonas que mejoran tu estado de ánimo y el de la otra persona.

Una sonrisa genuina compartida puede hacer que la otra persona sonría, se sienta mejor consigo misma y con su situación, aunque sea solo por un momento. Esto será una experiencia única y maravillosa tanto para quienes reciben el afecto como para ti mismo, ya que te impulsa a tener pensamientos alentadores y constructivos. 1 Tesalonicenses 5:11:

"Por lo que, animaos unos a otros, y edificaos unos a otros."

Las 4 Leyes de la Consistencia

Es muy importante sacar tiempo para evaluar el progreso de las metas que has trazado, al menos una vez al mes. Conviene establecer metas cortas, ya que estas te ayudarán a estar al tanto de tu progreso.

Ley #1– Establecer metas

Al trazar metas que promuevan el avance diario, experimentarás cambios asombrosos en todas las áreas de tu vida. Las metas se alcanzan mediante una concentración y disciplina intencional avanzada. Para ello, es necesario estar aislado de todo lo que promueva distracción.

VENCEDOR Intencional

La Biblia habla de un hombre rico que se fue muy lejos y, antes de partir, repartió bienes a sus trabajadores, según la capacidad de cada uno. La única manera en que estos trabajadores pudieron multiplicar los bienes, fue estando aislados de distracciones.

Sin embargo, en múltiples ocasiones, escuchamos que la Biblia recomienda que el hombre no esté solo. Existe una gran diferencia entre soledad y aislamiento: La soledad promueve el desgaste mental y activa el miedo, mientras que el aislamiento fomenta el crecimiento espiritual y el desarrollo de ideas.

Ley #2 – Evitar la procrastinación

Somos seres tripartitos, formados por mente, alma y espíritu. Cuando logras conectar estas tres áreas de manera intencional, no hay nada fuera de tu alcance como ser humano. Si no has cumplido el proyecto que te habías propuesto para una fecha específica, es importante identificar la causa, reconectar tu mente y espíritu, y hacer un esfuerzo intencional para cumplir lo que te has propuesto.

La desconexión interna promueve la procrastinación; cada vez que postergas tus planes, pierdes tiempo irrecuperable.

La falta de compromiso con tus proyectos te lleva a justificar la procrastinación en tus responsabilidades. La forma más clara de descubrir este estado emocional es cuando descuidas tu propósito en la vida. Repetir diariamente *"lo haré algún día"*, puede llevar a que un día todo lo que has construido se derrumbe. Enfócate en convertir el término *"Algún día"* en *"Tu primer día"*.

Desarrollar una mentalidad intencional te permite tomar dominio en el mundo espiritual sobre tu condición humana pecaminosa, la cual justifica la incapacidad de resolver tus necesidades en el mundo espiritual. Un claro ejemplo de esto se encuentra en Juan 5, donde un hombre llevaba treinta y ocho años enfermo y en el mismo lugar.

Cuando Jesús lo vio acostado y supo que llevaba mucho tiempo así, le preguntó: ¿Quieres ser sano? El hombre respondió: Señor, no tengo quien me meta en el estanque cuando se agita el agua; y entre tanto que yo voy, otro desciende antes que yo.

El hombre no respondió directamente a la pregunta. Mas bien su respuesta se basó en explicar lo que no tenía, y justificar los treinta y ocho años que llevaba en el mismo lugar haciendo lo mismo y culpando las circunstancias que le rodeaban.

Jesús le dijo: Levántate, toma tu lecho, y anda. Al instante, el hombre fue sanado, tomó su lecho y anduvo.

De la misma manera, hoy puedes cambiar tu vida. Enfócate en lo que tienes y no en tus limitaciones. No hay nada que pueda detener lo que eres capaz de alcanzar; solo la distracción puede limitarte al entrelazar tu intelecto con tu subconsciente, y lograr desarrollar tu crecimiento espiritual e intencional de manera simultánea.

Ley #3 – La adversidad funcional

La suerte no existe; solamente llega cuando la creamos nosotros mismos. Todas las metas y objetivos que te propongas son alcanzables, aunque parezcan difíciles. Es imposible no triunfar si formalizas un compromiso personal y te aíslas de las distracciones visuales, físicas y mentales.

"Solo cuando el hombre controla sus emociones, su estómago y su sexualidad llega a ser exitoso".

VENCEDOR Intencional

Veamos las adversidades de esta manera:

"Cada crisis es una oportunidad para el desarrollo."

Es decir, una crisis es la plataforma donde se han creado y desarrollado ideas innovadoras que promueven el avance económico y el crecimiento financiero. Esto se logra poniendo en práctica la voluntad como sistema de progreso intencional.

En todos los casos, lo ideal para el desarrollo del ser humano es entender que las adversidades promueven el compromiso de superación personal y te enseñan a desarrollar habilidades para identificar y evitar patrones que te llevan a repetir la misma situación. Cuando adoptas un compromiso de integridad intencional, te haces consciente de la manera en que piensas, actúas y hablas. Así, tu cerebro funciona de manera eficaz y positiva, promoviendo la eficiencia para crear nuevas oportunidades de desarrollo en cada crisis.

"Cuando yo era niño, hablaba como niño, pensaba como niño, jugaba como niño; más cuando ya fui hombre, dejé lo que era de niño". 1 Cor. 13:11

Aprender a vivir de manera intencional te ayuda a descubrir habilidades e ideas que nunca imaginaste poder ejercer. Desarrollas habilidades en situaciones que eran casi imposibles de resolver.

Por lo general, las personas que se adaptan al conformismo realizan actividades rutinarias que requieren poco esfuerzo. Sin pensarlo, se convierten en esclavos de la rutina, y este estilo de vida les limita a progresar. En casos extremos, algunos prefieren no moverse de lo que llaman zona segura por miedo a la adversidad, tomando decisiones permanentes basadas en situaciones temporales.

El permanecer mucho tiempo en tu zona de confort adormece tu intelecto, te desconecta espiritualmente y te hace olvidar el propósito que Dios ha diseñado para ti.

Cada persona lleva consigo una idea maravillosa destinada a triunfar. Aquellos que se acostumbran a una zona de confort en cualquier área de su vida espiritual, financiera o sentimental estarán enterrando su talento. Sentí una gran alegría cuando tuve la oportunidad de adquirir estas habilidades a través de la búsqueda de información para enriquecer mi intelecto y ampliar mi conocimiento.

Pero lograr encontrar estas mismas lecciones en la Biblia fue extraordinario. Dios permite que lleguen eventos que nos saquen de nuestra zona de confort para desarrollar nuestro potencial y eliminar malas compañías. Dios escuchó cosas que no escuchaste y vio cosas que no has visto.

Ley #4– La ley del desierto

La clave para saber cómo superar los retos de la vida es encontrar el coraje y la energía para actuar en oposición a las fuerzas que te oprimen. Para hacer esto, tienes que cambiar tu perspectiva sobre la adversidad. Superar obstáculos requiere determinación, perseverancia y un enfoque positivo e intencional. Al reconocer y aceptar los desafíos, aprender de las experiencias pasadas, cultivar la resiliencia, buscar apoyo y establecer metas realistas, podemos enfrentar y superar los obstáculos que se presenten en nuestro camino. Cada hombre nace con un propósito extraordinario, y las dificultades solo fortalecen el carácter y la disciplina.

VENCEDOR Intencional

 ***Dios nunca permitirá que mueras en el desierto; la única manera en que mueres en el desierto es cuando es creado por ti mismo y no por Dios.***

Veamos el ejemplo de Agar

Génesis, capítulo 21

El niño creció y fue destetado, e Abraham hizo un gran banquete el día que Isaac fue destetado. ⁹ Sara vio que el hijo de Agar la egipcia, que ésta había dado a luz a Abraham, se burlaba de su hijo Isaac. ¹⁰ entonces Sara dijo a Abraham: Echa a esta sierva y a su hijo, porque el hijo de esta sierva no heredará con mi hijo Isaac.

¹¹ y esto pareció muy grave a Abraham a causa de su hijo. ¹² pero Dios dijo a Abraham: "No te preocupes por el muchacho ni por tu sierva. Haz todo lo que te diga Sara, porque a través de Isaac se establecerá tu descendencia. ¹³ sin embargo, también haré una nación del hijo de la sierva, porque él también es tu descendiente."

¹⁴ entonces Abraham se levantó muy de mañana, tomó pan y un odre de agua, y se lo dio a Agar, colocándoselo sobre el hombro junto con el niño, y la despidió. Y ella se fue y se extravió en el desierto de Beerseba.

¹⁵ y le faltó el agua del odre, y echó al muchacho debajo de un arbusto, ¹⁶ y se fue y se sentó enfrente, a distancia de un tiro de arco porque decía: No veré cuando el muchacho muera. Y cuando ella se sentó enfrente, el muchacho alzó su voz y lloró. ¹⁷ y oyó Dios la voz del muchacho y el ángel de Dios llamó a Agar desde el cielo, y le dijo: ¿Qué tienes, Agar? No temas; porque Dios ha oído la voz del muchacho en donde está.

¹⁸ Levántate, alza al muchacho, y sostenlo con tu mano, porque yo haré de él una gran nación. ¹⁹ entonces Dios le abrió los ojos, y vio una fuente de agua y fue y llenó el odre de agua, y dio de beber al muchacho. ²⁰ y Dios estaba con el muchacho y creció, y habitó en el desierto, y fue tirador de arco. ²¹ y habitó en el desierto de Parán y su madre le tomó mujer de la tierra de Egipto.

Quisiera que analicemos este acontecimiento más allá de la interpretación religiosa con la que por mucho tiempo lo hemos visto, y que lo analicemos desde otra perspectiva. También exploraremos cómo nuestra mente puede convertirse en nuestro peor enemigo cuando somos removidos de nuestra zona de confort.

Agar, al ser removida de su zona de confort, se dio cuenta de que fuera de la casa de Abraham no había recursos de supervivencia para ella y su hijo.

En medio de este cambio repentino, Agar dio sentencia de muerte a Ismael y lo dejó llorando debajo de un arbusto, porque no lo quería ver morir. Analicemos este escenario: ella anduvo errante por el desierto de Beerseba, estaba mentalmente bloqueada. Esta es una reacción similar a la que experimentamos cuando perdemos un trabajo, terminamos una relación, o cuando un negocio en el que tenemos grandes inversiones fracasa. Ella se fue y se sentó enfrente, a una distancia aproximada de un tiro de arco (300 a 500 metros), porque decía:

"No veré cuando el muchacho muera."

Mentalmente, Agar ya había entendido que su destino en el desierto era la muerte, tanto de ella como de su hijo. Se aisló viendo a su hijo de lejos, de esta misma forma contemplamos el tiempo que invertimos, el título que alcanzamos, y peor aún, nos olvidamos de lo que Dios nos prometió y lo dejamos a un lado mientras esperamos verlo morir.

> "Y oyó Dios la voz del muchacho; y el ángel de Dios llamó a Agar desde el cielo y le dijo: "¿Qué tienes, Agar? "No temas porque Dios ha oído la voz del muchacho en donde está". (Génesis 21:17).

¿Por qué se le hace esta pregunta? ¿Qué tienes, Agar?»

Si vemos este caso desde una perspectiva externa, podríamos interpretar que Agar nunca estuvo dentro de la promesa de Dios. Esta mujer experimentó el primer caso de deportación registrado en la Biblia, siendo expulsada sin posibilidad de regresar al único lugar que consideraba seguro para ella y su hijo. Sin embargo, la pregunta del ángel ¿Qué tienes, Agar? Esta mujer no contaba con suficientes provisiones alimenticias, ya no tenía agua y estaba, por primera vez, sola con su hijo. ¿Qué tienes, Agar?

Parece una pregunta sin sentido, pero muestra que la promesa de Dios era irrevocable y que los sentimientos de Agar no afectaban los planes que Dios ya había establecido para hacer de Ismael una gran nación, como se lo había prometido a Abraham.

> "No temas; porque Dios ha oído la voz del muchacho en donde está."

Sin embargo, fue la madre del niño quien levantó su rostro al cielo llorando. Entendamos que nuestras emociones nunca van a cambiarlas promesas de Dios, pero pueden retrasar el desarrollo y beneficio que nos brinda el desierto.

Frecuentemente, empeoramos las situaciones al no usar nuestra intencionalidad como una herramienta para dirigir nuestra mente consciente. Agar se encontraba en medio de un desierto, pero encontró un arbusto en donde colocó a su hijo. Los desiertos se derivan de sequía, aquí vemos un arbusto, y más adelante fueron abiertos sus ojos y vio agua. Está de más aclarar que el desierto que estaba causando daño era el de sus pensamientos.

"Entonces Dios le abrió los ojos, y vio una fuente de agua".

Esta es mi parte favorita. No hubo milagros ni ángeles que construyeran un pozo, mucho menos hicieron que lloviera agua del cielo. Lo único que ocurrió es que sus ojos fueron abiertos y pudo ver más allá del desierto mental en el que se encontraba. También entendió la promesa de Dios con respecto a Ismael. Dentro de su mente subconsciente se habían formado pensamientos negativos desde que fue expulsada de su zona de comodidad. Estos pensamientos la llevaron a creer que fuera de ese lugar seguro no había nada más.

Ser movidos de nuestra zona de comodidad puede convertirse en el escenario donde se exponga todo nuestro potencial interior, o puede convertirse en una prisión mental en la cual quedemos para siempre atrapados y arrastremos a otros.

Necesitas hacer que tu mente trabaje de manera intencional; así podrás ver ideas y oportunidades de desarrollo en lugar de limitaciones y desgracias. Una persona que decida ser intencional al salir de su zona de comodidad, encuentra motivación en su visión para trabajar con lo que tiene e ignorar lo que le falta. Hoy en día el problema del ser humano radica en que no disfruta lo que tiene porque siempre está pensando en lo que aún no ha conseguido.

La Auto Evaluación de Nuestras Intenciones

El peor error que afecta directamente los logros que hemos alcanzado, es interrumpir el desarrollo del proceso y celebrar prematuramente los triunfos parciales. Esto sucede cuando no hemos descubierto nuestra capacidad para desarrollar una idea hasta alcanzar el éxito total del proyecto, incluso sin haber completado ni siquiera el 50% del mismo.

"La celebración prematura puede interrumpir el esfuerzo diario, el cual es necesario para alcanzar el éxito".

La primera cualidad esencial para el éxito es el deseo ardiente de lograr algo, una aspiración que nos impulsa a no descansar hasta que la misión esté cumplida. Luego, es crucial aprender cómo lograrlo invirtiendo tiempo en educación y superación personal, y relacionándonos con personas que ya están donde queremos estar en los próximos cinco años.

Debemos evitar desperdiciar tiempo en relaciones que solo buscan desviarnos del camino hacia el éxito, sin importar cuán tentadoras sean estas distracciones Siempre recuerda: "Es muy temprano para celebrar y estoy muy tarde para entretenerme".

Creo firmemente que cualquier persona dispuesta a esforzarse puede alcanzar el éxito. El precio del éxito es incalculable, basado en el valor del esfuerzo diario y en la habilidad de ser consistentes y efectivos en nuestros planes y proyectos. Esto solo se logra practicando la integridad intencional. Uno de los pasos más difíciles y a la vez el más importante es poner diariamente este estilo de vida en práctica.

La persona más capacitada para lograr cualquier cosa es aquella que intencionalmente educa la parte subconsciente de su cerebro para que trabaje en su beneficio, incluso mientras duerme, adquiriendo conocimientos que parecen imposibles para muchos. Por lo tanto, quien aspira al éxito debe ser disciplinado.

Estos individuos deben comprometerse consigo mismos a adquirir todo el conocimiento al que están expuestos, no solo en el área de su profesión, sino en todos los aspectos. Las personas con esta mentalidad, sin lugar a duda, alcanzan el éxito en todo lo que se proponen.

El secreto del éxito radica en esforzarse constantemente por mejorar, sin importar dónde te encuentres o cuál sea tu posición. Es crucial aprender todo lo que puedas en lugar de enfocarte en lo poco que puedes hacer. Concéntrate en lo mucho que eres capaz de lograr; esta actitud siempre será valorada, ya que se forja una reputación de ser alguien emprendedor y eficaz. Las empresas progresistas siempre buscan retener a este tipo de personas, ya que son un activo valioso.

Aquellos que alcanzan los niveles más altos en el ambiente corporativo son valientes, esforzados y diligentes. Han entendido la importancia de alimentar intencionalmente su mente de forma positiva. Estos se niegan a permitir que las malas noticias ocupen sus pensamientos y desarrollan una habilidad única para separar los problemas externos que los rodean. Se dedican a cultivar un estilo de vida mental, espiritual y físicamente intencional.

VENCEDOR Intencional

> Aquellos que alcanzan los niveles más altos en el ambiente corporativo son valientes, esforzados y diligentes.

CAPÍTULO III

TÉCNICAS DE LIDERAZGO INTENCIONAL

«Aplicar la diciplina de manera intencional te garantiza progresar en tus proyectos y crea resultados positivos en las área financieras, emocionales y espirituales»

Las grandes corporaciones al momento de seleccionar lideres, no solo se basan en credenciales y logros académicos. Una persona pasiva, tímida e indecisa rara vez alcanza altas posiciones de liderazgo, sin importar su alta preparación académica. Los seleccionados para estos roles son los que han logrado resultados más difíciles de alcanzar mediante la disciplina intencional, a menudo muestran iniciativa y pueden motivar a todos a su alrededor.

VENCEDOR Intencional

Aquel que se destaca en momentos cruciales, no suele ser un genio ni poseer más talento que los demás, pero ha comprendido que los resultados solo se logran mediante un esfuerzo persistente. se dan cuenta que los milagros no ocurren, tampoco creen en las coincidencias o en las casualidades. Su éxito es el resultado de adherirse a un plan y llevarlo a cabo día y noche sin importar el sacrificio, se convierten en exitosas porque lograron entender la importancia de servir a otros.

Ser talentoso, sin dudas es importante, pero no es imprescindible para lograr ser exitoso. Sin embargo, aplicar la diciplina de manera intencional te garantiza progresar en tus proyectos y crea resultados positivos en las área financieras, emocionales y espirituales.

Si no tomas la decisión determinante de ser intencional, te será imposible obtener resultados positivos.

Una persona talentosa, pero indisciplinada, es como un diamante en medio de un basurero.

Dentro de ti existe una fuente de poder celestial y omnipotente que te permite hacer todo aquello por lo que te esfuerces y te propongas, estará disponible cuando creas en ti mismo y te decidas a utilizarlo. Solo debes cambiar la fuente negativa de tus pensamientos, vencer el miedo al fracaso y descubrirás cómo tu mente trabajará en tu beneficio.

"Renovaos en el espíritu de vuestra mente".
Efesio 4:23

Si aplicas la diciplina de modo intencional, podrás ser fuerte antes las tentaciones de distracción y las debilidades inclinadas hacia las necesidades físicas, esto te permitirá tomar decisiones en beneficio de tu subconsciente, de esta forma vencerás los hábitos negativos que han limitado tu vida. Estos malos hábitos pueden ser tan simples como extender la alarma al despertar en las mañanas por cinco minutos más, y participar en actividades que te alejan de tu propósito. Estas malas elecciones se toman por no entender el beneficio del aislamiento para enfocarte en tus metas, el problema es que, si no operas en un modo intensional, tu mente confundirá el aislamiento con la soledad, y cometerás el error de echar a un lado tu propósito e integridad, solo por querer encajar en un círculo donde no perteneces.

Nunca podrás desarrollar tu potencial en el ambiente equivocado, es como una botella enroscada en un zócalo en vez de colocar un bombillo, sin duda la botella encajaría, pero ambos elementos estarán perdiendo tiempo y energía, así deberías visualizarte cuando intentas encajar en el ambiente equivocado.

El ambiente equivocado, no necesariamente está formado de malas personas, en ocasiones pueden ser familiares o amigos cercanos, que simplemente no tienen tu misma visión, y te quitarán tiempo y enfoque de tus planes y proyectos.

Identifica los Enemigos de tus Sueños

Identificar los pensamientos negativos y las distracciones que te impiden realizar tus sueños y vivir una vida intencional es fundamental para el crecimiento personal. Aquí tienes algunas estrategias para lograrlo:

- **Auto observación:**

  Mantén un diario donde registres tus pensamientos y emociones diariamente. Anota momentos en los que te sientas desmotivado y distraído. Revisa tus entradas para detectar patrones en tus pensamientos negativos y distracciones frecuentes.

- **Reconocer los Pensamientos Automáticos:**

    Presta atención a tus reacciones emocionales. Pregúntate qué te llevó a sentirte de esa manera. Anota pensamientos recurrentes cómo estos son indicativos de pensamientos negativos.

    "No puedo" o *"no soy lo suficientemente bueno."*

- **Evaluar tus Hábitos Diarios:**

    Haz un seguimiento de tus actividades diarias, especialmente aquellas que te alejan de tus objetivos. Identifica momentos en que te distraes, como mirar el teléfono o ver televisión en lugar de trabajar en tus sueños.

- **Establecer Metas Claras:**

    Define objetivos específicos y alcanzables. Divide tus sueños en pasos más pequeños y medibles. Si te sientes perdido o confundido, anota qué aspectos de tus metas son difusos o poco claros.

- **Retro alimentación de Otros:**

    Habla con amigos, familiares o un coach. Pídeles que te ayuden a identificar cuando te ven distraído o desmotivado. A veces, los demás pueden notar patrones que tú no identificas.

- **Establecer Límites:**

    Define tiempos específicos para actividades que pueden ser distracciones, como redes sociales o videojuegos. Si te cuesta cumplir estos límites, es una señal de que esas actividades pueden estar interfiriendo con tus sueños.

- **Reflexionar sobre tus Creencias:**

    Pregúntate cuáles creencias subyacentes pueden estar alimentando tus pensamientos negativos. Analízalas y evalúa si son realmente ciertas o si son distorsiones que te limitan.

¡Mantente siempre alerta!

Identificar pensamientos negativos y distracciones requiere práctica y autoconocimiento. Utiliza estas estrategias para tomar control de tu vida, enfocarte en tus metas y en vivir de manera intencional.

El desenfoque y las distracciones son tus peores enemigos, así como el uso excesivo de redes sociales o el ruido ambiental, estos pueden desviar la atención de tus metas. Reconoce cuándo pasas más tiempo en actividades no productivas, en lugar de trabajar hacia tus objetivos. Haz un seguimiento de tu tiempo para identificar patrones.

Los Cinco Peores Enemigos de tus Sueños

1- **Autosabotaje.** Los pensamientos negativos, como el miedo al fracaso o la duda sobre tus habilidades, pueden llevarte a evitar tomar riesgos necesarios. Prestar atención a tus pensamientos y pregúntate si te estás diciendo cosas negativas como, por ejemplo:

"No puedo" o "no soy suficiente."

Estos pensamientos debilitan la voluntad y la productividad de tu vida.

2- **Procrastinación.** Las distracciones y los pensamientos negativos pueden inducir a la procrastinación, impidiendo que avances hacia tus sueños. Observa si pospones tareas importantes por actividades menos significativas. Establece plazos y metas pequeñas para contrarrestar esto.

3- **Baja Autoestima.** Los pensamientos negativos pueden afectar tu autoestima, haciéndote sentir incapaz de alcanzar tus sueños. Escucha tu voz interna. Si tiendes a criticarte severamente, trabaja en cambiar esos pensamientos. Practica la autoafirmación.

VENCEDOR Intencional

4- **Falta de Claridad.** Las distracciones pueden dificultar la claridad sobre tus objetivos, llevándote a la confusión y la indecisión.

5- **No Identificar tus Prioridades.** Dedica tiempo a reflexionar sobre tus metas. Pregúntate qué es realmente importante para ti y anota tus sueños para tener una guía clara.

Estrategias Para Combatir los Enemigos de tus Sueños

Establecer rutinas saludables:

- Crea un horario diario que incluya tiempo específico para trabajar en tus sueños.

- Practica la atención plena para reducir la influencia de pensamientos negativos y mejorar tu concentración.

- Crea un ambiente productivo y organiza tu espacio de trabajo para minimizar distracciones y fomentar un ambiente propicio para el enfoque.

- Identificar y manejar las distracciones y los pensamientos negativos es un paso crucial para poder alcanzar tus sueños.

Cada minuto que desperdicias estará perdido y nunca lo recobrarás; sé sabio y elimina a cada persona o actividad que represente una distracción. Sé drástico y celoso contigo mismo, con lo que eres y con lo que representas. Sé cauteloso y selectivo en la elección de tu círculo amistoso, ya que esta decisión es crucial en tu trayectoria. Muchos pueden animarte y decirte qué hacer, pero realizar el trabajo siempre dependerá de ti. Si no pones en práctica lo que escuchas de manera intencional, estos recursos solo serán en ti un placebo emocional.

Las personas que te rodean, los libros que lees, las charlas de motivación y otros recursos, son el vehículo de transporte hacia el éxito. Pero tu determinación es el motor. Es imposible transportarse en un vehículo sin motor.

Ninguna persona, ningún libro o charla de motivación te levantarán de la cama o te sacarán de una mentalidad de conformismo que esté hundida en la negatividad. No hay duda en que todas estas herramientas pueden darte ideas y traer luz en tu camino al éxito, pero necesitarás acompañarlas de acciones intencionales.

La única palabra que activó el milagro en el hombre que estuvo más de 30 años en el estanque fue: "*Levántate.*" Te debes a ti mismo el compromiso de ser cada día mejor que el anterior. Si abrazas con intención esta mentalidad, no existirán obstáculos que no puedas superar. Si quieres que otros crean en lo que haces, primero tienes que creer en ti mismo. Triunfar solo será difícil hasta que logres desarrollar la habilidad de hacerlo sin esfuerzos.

"Trabaja duro en convertirte en la Persona que no tiene que trabajar duro para ser exitoso".

CAPÍTULO IV

LA MICRO ELECCIÓN ALIMENTO AL SUBCONSCIENTE

«Tanto el éxito como el fracaso no acontecen de la noche a la mañana»

Tampoco ocurre con la lealtad y el engaño. Hay patrones que se siguen o se violan para llegar a ese punto final. Por ejemplo, el compromiso con el éxito requiere que, a diario, tomes pasos intencionales que te acerquen a tu propósito. Las micro decisiones que tomas a diario entrenan tu subconsciente y determinan cómo reaccionas habitualmente ante cada situación.

VENCEDOR Intencional

De la misma manera funciona la infidelidad y el engaño. Estas no ocurren de manera sorpresiva; más bien, se alimentan de la micro infidelidad y se manifiesta de manera muy sutil e inofensiva, generalmente iniciándose por medio de una conversación o un mensaje que alertara tu subconsciente, pero aun así decides hacerlo. Sin embargo, la micro disciplina, cuando se emplea de manera positiva te permite estar alerta y rechazar todo aquello que amenaza la efectividad de tu subconsciente.

Las micro decisiones son acciones que logran tener un impacto significativo en la funcionalidad y el bienestar de la mente humana. A continuación, te explico cómo funcionan y cuáles son sus efectos.

LAS MICRO DECISIONES

Construcción y Destrucción de la Mente Irracional

Naturaleza de las micro decisiones:

Las micro decisiones son pequeñas elecciones que tomamos a diario y que, aunque aparentemente insignificantes, causan un impacto acumulativo. Ejemplos de estas decisiones incluyen qué comer, a qué hora levantarse o cómo responder a un mensaje. Aunque cada una pueda parecer simple o trivial, cuando se acumulan, pueden influir en nuestro estado de ánimo, motivación y productividad.

La construcción de hábitos positivos se logra tomando decisiones conscientes y alineadas con nuestros objetivos, lo cual puede fortalecer hábitos saludables y aumentar nuestra efectividad. Por ejemplo, elegir dedicar 10 minutos a la lectura diaria puede fomentar el aprendizaje y el crecimiento personal a largo plazo.

Las micro decisiones que causan destrucción del bienestar mental son aquellas elecciones negativas que, aunque no son notables, tienen un impacto significativo. Invertir tiempo en actividades poco productivas o tóxicas, deslizar la pantalla por horas en redes sociales, y comer en exceso aun cuando no sientes hambre, son ejemplos de trampas espirituales que causan una sensación de éxtasis en nuestro cerebro. A largo plazo, estas elecciones pueden erosionar y destruir por completo nuestra salud física y mental. Es decir, la elección constante de evitar el ejercicio puede llevar a un deterioro físico y emocional.

Otra manera en que se manifiestan las micro decisiones destructivas es a través de la falta de conciencia (*adormecimiento del subconsciente*) o la toma de decisiones automáticas. Muchas micro decisiones se toman sin reflexión, y esta falta de conciencia puede llevar a un ciclo de comportamientos negativos que, sin una revisión consciente, pueden convertirse en hábitos destructivos.

El enfoque efectivo y la intencionalidad nos permiten ser conscientes de nuestras micro decisiones y nos habilitan para tomar el control y dirección de nuestros pensamientos. Esto fomenta un sentido de confianza y propósito. Cuando elegimos nuestras decisiones intencionalmente, podemos construir una vida más alineada con nuestros valores y aspiraciones.

Al concluir este capítulo, quiero profundizar en cómo la micro infidelidad afecta nuestras vidas a diario. Esto no se limita únicamente a las relaciones sentimentales, todo tipo de sociedades también pueden estar expuestas a este mal.

La Micro Infidelidad

La micro infidelidad es un veneno lento que adormece el espíritu y se alimenta de pequeñas acciones y comportamientos que, aunque no constituyen una infidelidad física, pueden erosionar la confianza en una relación. Ejemplos de micro infidelidad incluyen coquetear, mantener conversaciones íntimas con alguien fuera de la relación o compartir detalles emocionales.

Efecto acumulativo en las relaciones:

La micro infidelidad causa una desconfianza progresiva. Cada acto de micro infidelidad puede ser percibido como una traición menor, pero su efecto acumulativo puede llevar a una ruptura total de la confianza, generando sentimientos de desapego. Con el tiempo, esto provoca inseguridad y desconfianza en cualquier relación, ya sea sentimental o de una sociedad de negocios.

Es esencial reflexionar intencionalmente sobre el comportamiento y las micro decisiones que guían el subconsciente. Tanto las micro decisiones como la micro infidelidad tienen el potencial de construir o destruir la funcionalidad de la mente humana y las relaciones. Ser consciente de estas dinámicas y tomar decisiones intencionales puede fomentar un mayor bienestar y conexión en nuestra relación con los demás.

Inteligencia Emocional

La inteligencia emocional: (*IE*) es la capacidad de reconocer, y comprender nuestras propias emociones, y lograr influir de manera positiva en las emociones de los demás.

En este tema, exploraremos cómo desarrollar esta habilidad fundamental y cómo pueden mejorar nuestras relaciones, nuestra toma de decisiones y nuestro bienestar general.

El primer paso para desarrollar la inteligencia emocional es el autoconocimiento, es decir, aprender a reconocer nuestras emociones y sentimientos, comprender de dónde se originan y poder controlarlos. La inteligencia emocional también implica saber relacionarse con los demás, volviéndonos más empáticos, desarrollando la capacidad de entender a otros y dominando el conocimiento profundo de nuestras fortalezas y debilidades.

Las personas con alta inteligencia emocional son conscientes e intencionales en sus relaciones, logrando gestionar y manejar sus emociones de manera efectiva, incluso en medio de un conflicto.

Estrategias para Mejorar el Autoconocimiento y Desarrollar la Inteligencia Emocional

Identifica tus lagunas emocionales:

Cuando un ambiente provoca reacciones negativas, es importante minimizar, en la medida de lo posible, el contacto o las reuniones innecesarias. Esto es un acto responsable y una muestra de crecimiento en tu mente consciente.

Ejercita la inteligencia emocional:

Desarrollar esta habilidad te capacita para tomar decisiones auténticas y actuar de forma racional en medio de una crisis. Te da la capacidad de identificar el problema, procesar la situación y regular tus emociones para evitar un conflicto. Se ha demostrado que la inteligencia emocional es tan importante, o incluso más, que el coeficiente intelectual (*IQ*) para alcanzar el éxito personal y profesional.

Tomarse tiempo para reflexionar sobre experiencias emocionales: Pregúntate qué emociones sentiste en situaciones específicas y cómo reaccionaste. Esto te ayudará a comprender mejor tus respuestas emocionales.

La autosugestión consiste en ser conscientes de nuestras emociones y aprender a gestionarlas. Esto implica controlar nuestro comportamiento y responder de manera constructiva.

También la respiración profunda es un ejercicio efectivo que te puede ayudar a mantener la calma en momentos de estrés o ansiedad. Practica inhalar profundamente por la nariz, mantener la respiración durante unos segundos y exhalar lentamente por la boca. Esto permitirá que una mayor cantidad de oxígeno llegue a tu cerebro, regulará la tensión y combatirá el estrés.

VENCEDOR Intencional

Cuando te sientas abrumado por emociones negativas, intenta cambiar tu perspectiva y controlar las palabras que saldrán de tu boca.

>  *El mayor daño causado por una persona sin inteligencia emocional (IE) se manifiesta en maltratos verbales e insultos.*

La falta de control emocional puede llevar a sentirse frecuentemente estresado, ansioso, frustrado o abrumado, incluso ante contratiempos simples y cotidianos. Al no manejarse de manera constructiva, intensifican y prolongan situaciones simples, afectando negativamente su bienestar y el de quienes les rodean.

Aquellos que carecen de inteligencia emocional, por lo general, tienen dificultades para recuperarse de episodios emocionales dolorosos, lo que puede desencadenar en ellos episodios de ansiedad y tendencias a la destrucción. Además, pueden inconscientemente elegir habitar en lugares desordenados. Sin embargo, afortunadamente esto puede ser reversible mediante ayuda profesional.

Como Desarrollar la Inteligencia Emocional

Aceptación de Emociones:
- **Permítete sentir:** Reconoce que todas las emociones son válidas. Aprende a aceptar tanto las emociones positivas como las negativas sin juzgarte. Practica la autocompasión. Trata de ser amable contigo mismo cuando enfrentes emociones difíciles. Recuerda que es parte del ser humano.

- **Habilidades de Comunicación:** Expresa tus emociones de manera asertiva. Aprende a comunicar tus sentimientos de forma clara y respetuosa. Usa *"yo"* para expresar cómo te sientes (*ej.* "*Yo me siento...*").

- **Práctica de la Gratitud:** Enfócate en lo positivo. Cultiva una mentalidad más resiliente agradeciendo a los demás y expresando tu gratitud a las personas que te rodean. Las conexiones significativas son claves para el crecimiento emocional.

- **La Oración:** Orar regularmente nos ayuda a conectar con nuestro interior, entender nuestras emociones y pensamientos. Dedicar tiempo durante el día a la oración puede marcar una gran diferencia en el manejo de nuestras emociones. Es saludable hacer de la oración parte de nuestra rutina, sin importar cuán agotador haya sido el día o cómo te hayas sentido.

- **Autorreflexión:** Reservar tiempo diario para reflexionar sobre las acciones y metas te permite identificar patrones que pueden causar problemas y ayuda a entender mejor a los demás. La autorreflexión tiene como objetivo instarte a preguntar qué no hiciste bien y, más importante aún, en qué puedes mejorar. La práctica regular de esta disciplina ejercita la autoevaluación de nuestro subconsciente y se convierte en una herramienta muy eficaz en las tareas que realizamos a diario, permitiéndonos sentir una gran motivación para enfrentar el próximo día.

Desarrollar una buena educación emocional es un proceso continuo que requiere intencionalidad y práctica. Al seguir estos pasos, no solo mejorará tu inteligencia emocional, sino que también facilitará tu crecimiento espiritual y tu conexión con el mundo que te rodea.

Recuerda que cada pequeño paso cuenta en este viaje hacia el bienestar emocional y espiritual.

La Inteligencia Intrapersonal e Interpersonal

- **La inteligencia intrapersonal,** una de las múltiples inteligencias propuestas por Howard Gardner en su teoría de las inteligencias múltiples, se refiere a la capacidad de comprenderse a uno mismo. Esta inteligencia es crucial para vivir de manera intencional, ya que nos ayuda a entender quiénes somos y qué queremos. Aquí te explico su importancia de manera simple.

- **El autoconocimiento:** Conocer tus emociones, valores y motivaciones te permite tomar decisiones alineadas con lo que realmente deseas. Esto te ayuda a establecer metas claras y significativas. Cuando entiendes tus pensamientos y sentimientos, puedes evaluar mejor tus opciones, permitiéndote elegir caminos que refuercen tus aspiraciones.

- **La regulación emocional:** Es una parte esencial para desarrollar la inteligencia intrapersonal, y te ayuda a manejar tus emociones de manera efectiva. Al reconocer lo que sientes, puedes responder a situaciones de forma más calmada y reflexiva, lo cual evita reacciones impulsivas. Cuando reflexionas sobre tus experiencias y aprendes de ellas, logras identificar las áreas en las que necesitas mejorar, fomentando un desarrollo continuo y ayudándote a alcanzar tus objetivos.

- **La resiliencia:** Es otra herramienta importante en el uso de la inteligencia intrapersonal, ya que te permite comprender tus emociones y enfrentar desafíos con una mentalidad más positiva. La resiliencia te ayuda a adaptarte mejor a las dificultades, ya que puedes encontrar apoyo dentro de ti mismo.

Recuerda que La inteligencia intrapersonal promueve el desarrollo de relaciones saludables. Al conocer tus propias necesidades y límites, te ayuda a comunicarte de manera eficaz y mejorar tus reacciones. También te capacita para comunicarte de manera sabia, independientemente del comportamiento de los demás. Esta también es fundamental para vivir de manera intencional, y una herramienta necesaria para lograr comprenderte a ti mismo, tomar decisiones alineadas con tus valores y crecer en todas las áreas de tu vida. A través de ella, puedes crear una vida más plena y satisfactoria, reconociendo que no tienes la obligación de complacer a nadie más que a ti mismo.

La inteligencia personal y la inteligencia interpersonal se centran en diferentes aspectos, pero ambas están profundamente interconectadas. La primera se enfoca en entender nuestra propia condición emocional para tomar decisiones acertadas, mientras que la segunda se centra en comprender el comportamiento y las decisiones de los demás antes de que reaccionemos de manera adversa.

¿Cómo Desarrollar la Inteligencia Intrapersonal?

Escuchar de manera activa e intencional. Presta atención plena a la persona que habla, mostrando interés genuino y comprensión. Esto implica no solo escuchar las palabras, sino también observar el lenguaje corporal y las expresiones faciales. Mantén contacto visual y haz preguntas que demuestren tu interés en lo que dice.

Escuchar de manera activa crea una conexión más profunda y fortalece los vínculos deseados. Siempre que encontremos oportunidades extraordinarias, las destruiremos si no somos intencionales. Ya sea por la falta de experiencia, de tacto o integridad. Una bendición se convertirá en maldición si careces de carácter y sabiduría.

"Porque el amo será siervo hasta que se haga sabio".

VENCEDOR Intencional

La falta de carácter inhabilita las áreas que permiten el desenvolvimiento efectivo de nuestras emociones. Asimismo, cada oportunidad que se destruye afectará directamente la relación con las personas que nos rodean.

La frase: "Si una puerta se cierra, se abrirá otra más grande", es a veces utilizada por quienes buscan justificar acciones erróneas que han destruido relaciones mediante acciones erróneas y deshonestas. Aunque no busco generalizar este patrón, es importante aclarar que, aunque esta frase transmite inspiración y superación, también ha sido mal empleada por quienes carecen de carácter y responsabilidad.

En mi experiencia personal, no entendía por qué mis deseos y mis acciones estaban desconectados. Deseaba encontrar respuestas de porqué buenas oportunidades se convertían constantemente en malas experiencias, esto creaba una avalancha de emociones que confirmaban la desconexión que había entre mi espíritu y mi subconsciente.

Cuando logré identificar el problema, me dediqué intencional mente en evitar que mis emociones continuaran afectando directamente mis planes, mi vida personal y mis negocios.

Lo más difícil fue lidiar con las interrogantes que surgían de mi cabaza, las preguntas se multiplicaban y tras la búsqueda continua me llevó a una serie de respuestas que confrontaron la manera en que por años estaba saboteando mi propia vida. Estas respuestas son exactamente lo que me motivó a crear este material, ya que sentí una alegría inmensa cuando logré encontrar información en muchos libros y materiales psicológicos.

También, Incurrí en diversos estudios para comprender la reacción del comportamiento y funcionamiento de la mente humana, fui parte de numerosas charlas que promovían la salud mental, de igual manera invertí tiempo y recursos en horas de terapias, seminarios y otros eventos similares que le dieron un gran soporte profesional a mi investigación. Sin embargo, cuando logré encontrar estas respuestas en la Biblia, fue una experiencia muy satisfactoria. Me sentí feliz y con arduo deseo de compartir estas enseñanzas y técnicas que han cambiado mi manera de pensar, y me han permitido crecer sanamente y desarrollar cada día una vida plena e intencional.

Estoy muy agradecido por poder compartir estas herramientas que han posibilitado hoy el valor de la salud emocional, mental y financiera, por medio de los beneficios del uso adecuado del subconsciente

Me aseguraré de que, al explicar cómo descubrir las grandes bendiciones del subconsciente, lo haga en un lenguaje cotidiano y simple. Aplicar las técnicas que encontrarás en este libro, te ayudará a desarrollar habilidades y a disciplinar tu mente de manera intencional. Podrás identificar los malos hábitos y no reincidir en ellos. También, a través de la fe, desarrollarás un poder transformador en tu subconsciente que te ayudará a vencer las limitaciones financieras y las tendencias emocionales, por medio de los beneficios del uso adecuado del subconsciente.

Aprender a ser intencional, me ha permitió usar el subconsciente de manera positiva, y activar beneficios espirituales que hacen que pasen cosas buenas en mi vida.

Recuerda, Dios nos creó para tener una vida feliz, que vivamos de forma plena y seamos bienaventurados en todas las áreas.

"Amado, yo deseo que tú seas prosperado en todas las cosas, y que tengas salud, así como prospera tu alma."

Esta es la gloriosa libertad de encontrar la verdad que obra milagros en los hijos de Dios.

CAPÍTULO V

EL PODER DE LA FE

«Ahora bien, la fe es la certeza (sustancia) de lo que se espera y la convicción (demostración) de lo que no se ve. Hebreos 11:1»

Esta parte de nuestra mente amerita conocer cómo funcionan las enfermedades en el mundo espiritual y cómo activar el poder curativo de nuestro subconsciente, que controla las funciones vitales conectando el alma y el cuerpo. También podrá ayudarte a descubrir la sanidad mediante la fe.

Sé que has escuchado de personas que acuden a realizarse exámenes rutinarios sin ningún problema de salud, y en algunos casos muchos han recibido diagnósticos negativos. Es probable que, por la mala noticia, permitan que el temor active la enfermedad en el subconsciente, haciendo que luego se manifieste en su cuerpo de forma fulminante. Aunque las enfermedades afectan al organismo humano, el poder del subconsciente puede agravar los síntomas y hacer que el sistema de defensa de su cuerpo deje de luchar. De igual manera, también he visto cómo muchos utilizan el poder del subconsciente para activar intencionalmente la sanidad en sus cuerpos mediante la fe, y logran bloquear las malas noticias o diagnósticos que hayan recibido.

Físicamente, salvo a que existan deformaciones desde el nacimiento, cada cuerpo tiene los mismos órganos y puede curarse por sí mismo, pero también influye cómo procesa la información y cómo la desarrolla en el subconsciente para que se manifieste en el mundo visible.

La mente activará de forma inmediata la fe o la duda, para aceptar o rechazar la sujeción del diagnóstico.

"El milagro ocurre cuando se ora eficazmente y sin dudas".

En términos de la fe, la oración se define como un acto de comunicación o conexión con lo divino. Desde una perspectiva científica, en especial en la psicología o la sociología, la oración puede estudiarse como un fenómeno con efectos espirituales, psicológicos y sociales en individuos y comunidades. La oración se define como la interacción armoniosa entre los niveles consciente y subconsciente de la mente humana, dirigida intencionalmente hacia un propósito espiritual específico.

La manera de manifestar en el mundo físico aquello por lo que oramos es más sencilla de lo que parece. Podemos descubrir cómo aprovechar el poder infinito de nuestra mente subconsciente cuando nos conectamos en espíritu, alma y cuerpo.

Todo lo que se manifiesta en el mundo físico existió antes en la eternidad (*en el mundo invisible*). Cuando el poder de la fe se activa en nuestra mente, se manifiesta en el tiempo (*mundo físico*), haciendo visible lo que pedimos en el mismo nivel en que hemos creído. Esta es la fe que se activa en el momento de la oración. Es decir, existe una fe que reside en ti y otra que desciende sobre ti. la fe que desciende es diferente de la fe residente.

Dios habita en la eternidad y no está sujeto al tiempo; nuestra relación con Él fue establecida en la eternidad y antes de que el mundo existiera. El tiempo nace de la eternidad, y Nuestra mente consciente está sujeta al tiempo, mientras que nuestra mente subconsciente permanece en su estado original y se rige bajo las leyes espirituales de la eternidad.

"Y nos escogió en él antes de la fundación del mundo".

"Porque a los que antes conoció, también los predestinó, Y a los que predestinó, a estos también llamó y a los que llamó, a estos también justificó y a los que justificó, a estos también glorificó".

Cuando las leyes de la eternidad dirigen tu mente (*leyes del Reino*), logras disfrutar de una vida saludable, emocionalmente estable y con la libertad financiera que deseas. Sin embargo, para alcanzar estos resultados, es indispensable entender las reglas del mundo espiritual a través de la fe, que se manifiesta en el mundo físico. Así funciona la conexión divina existente entre la eternidad y el tiempo.

Desarrollar esta habilidad, eliminará la tristeza y la incertidumbre, evitarás relaciones que crean conflictos y discusiones innecesarias. Mejorarás tus habilidades en negocios, habrá armonía en tus relaciones familiares, y podrás ser de inspiración y ayuda a los que te rodean. Este tipo de energía es la que se percibe cuando encontramos personas que tienen una gracia especial, que te hacen querer estar a su alrededor. Es porque sus vidas están conectadas con el mundo espiritual.

El enriquecimiento del subconsciente por medio de la fe debe ser la razón principal de nuestras oraciones. Sin embargo, la ignorancia nos lleva a minimizar el poder de la oración a peticiones encapsuladas solo en las cosas banas del limitado mundo físico que conocemos. Por esta razón, en algunos lugares han convertido la oración en una rutina vacía que se practica a diario sin realmente esperar una respuesta por lo que se ora.

Nuestro cerebro contiene un área donde nacen y se desarrollan las emociones, y donde guardamos las informaciones que dan origen a nuevas ideas y proyectos.

La amígdala es una pequeña estructura subcortical que está relacionada con todas *nuestras emociones y está directamente conectada con las partes del sistema límbico.* Esto significa que la amígdala envía información relacionada con el miedo y la ansiedad a los centros nerviosos superiores.

Cuando utilizamos las técnicas adecuadas para activar nuestra mente subconsciente, operamos conscientemente en la intencionalidad total de nuestros pensamientos y permitimos que lo desconocido del mundo invisible se manifieste en el mundo físico que conocemos.

Lo primero que necesitas hacer para aprovechar el almacén infinito de resultados asombrosos en tu vida, es creer que dentro de ti existe la capacidad y la fortaleza espiritual por medio de la fe para lograr todo lo que te propongas. Sin embargo, nuestra limitación al conocimiento espiritual nos lleva a hacer de la oración un ejercicio cotidiano, vago y vacío, que limitamos a solo pedir salud, dinero y amor, en lugar de crear un hábito continuo que forme una conexión espiritual sobrenatural con Dios. Cuando pedimos con fe, operamos bajo el reino espiritual que hace que su voluntad se cumpla aquí en la tierra de la misma forma que en el cielo.

El estilo de oración automatizada que hoy se practica tiende a repetir las mismas palabras y contiene los mismos ritos, lo que también arrastra a muchos a la ignorancia. Hoy, miles de personas pierden el tiempo orando por soluciones que ya tienen y por asuntos terrenales que ya han sido respondidos en la Eternidad.

Entonces Moisés respondió y dijo: He aquí que ellos
no me creerán, ni oirán mi voz, porque dirán:
No se te ha aparecido Jehová.

Y Jehová dijo: ¿Qué es eso que tienes en tu mano?
Y él respondió: Una vara. Y él le dijo:
Échala en tierra.

La pobreza del liderazgo religioso que se sufre hoy en día ha eliminado el conocimiento pleno y benefactoría de la oración. Sin miedo ni temor a ser acusado, creo que la ignorancia financiera que existe hoy en muchas religiones se basa en una estrategia de las tinieblas para mantener a las iglesias ocupadas y entretenidas orando por la acumulación de finanzas y no para que ocurran milagros.

Las plataformas religiosas modernas de hoy, en su mayoría, solo promueven el mensaje de la prosperidad financiera (*lo cual está bien*). Dios no está en contra de la prosperidad, al contrario, Él quiere que seamos ricos. Pero ya la iglesia se ha olvidado de orar por salvación, por milagros, por sanidad y por restauración, a menos que una cuenta bancaria active el poder del "profeta".

Tampoco tengo nada en contra de los dones dados según la Biblia por el Espíritu Santo, pero, al igual que muchos, a mí me irrita ver cómo se burlan de personas que quieren de corazón servir a Dios. Por la nobleza de su espíritu, mezclada con ignorancia, aquellos llamados "líderes y pastores" los estafan cada semana, con una sección de inventos y adivinanzas desde un altar que está llamado a ser santo. Ya pocos oran por la conexión espiritual que se necesita, y en vez de eso, se enfocan en las necesidades terrenales que podemos nosotros mismos resolver.

En la Biblia encontramos un claro ejemplo de la oración que se construye a partir de la necesidad, y no desde la conexión con lo divino y una relación genuina con Dios. Quiero aclarar que mi intención no es convertir este material en un libro religioso ni crear ningún tipo de controversia. Pero sí deseo que muchos abran los ojos y puedan descubrir el poder maravilloso que existe en la oración con propósito, y no en la comercialización de la fe que muchos promueven hoy en día.

Ya dejemos de creer que Dios es un genio en una lámpara que aparece para cumplir todo lo que pedimos o nuestros caprichos. Es fundamental entender que el principal objetivo y misión de la oración es establecer una conexión y una relación estrecha con nuestro Creador.

La oración es mucho más que un acto simbólico donde presentamos una lista de deseos o donde se nos enseña a declarar y dar siete vueltas para que se cumplan nuestros caprichos y necesidades, seguido de un pedido para *"sellar el pacto"* con una ofrenda. Este es un acto de abuso emocional conducido por lobos que se autodenominan líderes religiosos, cuyas víctimas son personas que no han conocido la verdad y a quienes se les niega la enseñanza clara de la palabra de Dios para que no sean libres de las prisiones financieras que muchos les llaman iglesias.

En Lucas capítulo 1 encontramos que con frecuencia se reunían en el templo para solicitar un sucesor que pudiera ocupar el puesto del sumo sacerdote Zacarías, quien tenía una avanzada edad, y en su ausencia, querían que su hijo continuara en el servicio del templo. La necesidad estaba identificada y el plan de acción se estaba ejecutando, pero ni el sumo sacerdote ni los que se reunían con él esperaban que la oración fuera respondida. La situación fue tan extrema que, para lograr ejecutar el milagro de manera eficaz, el ángel tuvo que enmudecer a quien oraba por el milagro.

Dijo Zacarías al ángel: ¿En qué conoceré esto?

*Porque yo soy viejo, y mi mujer
es de edad avanzada.*

*Respondiendo el ángel, le dijo: Yo soy Gabriel, que
estoy delante de Dios; y he sido enviado a hablarte,
y darte estas buenas nuevas.*

*Y ahora quedarás mudo y no podrás hablar, hasta
el día en que esto se haga, por cuanto no creíste mis
palabras, las cuales se cumplirán a su tiempo.*

El otro tipo de oración, que en este capítulo llamaré "*la oración hermosa*" solo para fines de referencia, será siempre eficaz, directa e intencional. Esta oración se activa en el momento de la necesidad; es decir, se activa en el momento en que se presenta aquello por lo que se ora y se esperan resultados inmediatos. Esta oración no espera que ocurra el milagro, sino que lo provoca. No necesita ser repetida, solo requiere ser activada y puesta en acción. Sus resultados son inmediatos y no involucran ningún compromiso financiero para que se realice el milagro.

En el libro de los Hechos 3:6, a las afueras del templo llamado "*La Hermosa*", Pedro identificó la necesidad, verbalizó el plan y ejecutó la acción, y de manera inmediata se produjo el milagro.

Mas Pedro dijo: No tengo plata ni oro, pero lo que tengo te doy

en el nombre de Jesucristo de Nazaret, levántate y anda. y tomándole por la mano derecha le levantó, y al momento se le afirmaron los pies y tobillos y saltando, se puso en pie y anduvo y entró con ellos en el templo, andando, y saltando, y alabando a Dios.

VENCEDOR Intencional

De esta misma manera, los milagros pueden manifestarse hoy en día. No importan los planes y estrategias, ni el tiempo invertido en un proyecto, negocio o relación; si carecemos de intencionalidad, estaremos perdiendo el tiempo. El universo manifiesta las obras de nuestra fe cuando tomamos conscientemente la decisión de activar lo invisible en el mundo físico. Así, nuestro subconsciente se manifestará de manera eficaz y productiva en todas las áreas de nuestra vida.

Todo plan o práctica que carezca de sustancia y acción no tendrá ningún resultado. No existe fundamento bíblico en el que Dios conteste oraciones que no estén acompañadas simultáneamente por una acción. El milagro es activado por quien ora, al dar el primer paso y poner en acción la fe. Dios nunca ha trabajado ni trabajará con holgazanes. La oración es el momento en el que le pides a Dios su respaldo y apoyo en las decisiones que estás a punto de tomar. Dios es un Dios de acciones inmediatas:

"Muéstrame tu fe sin obras, y yo te mostraré mi fe por mis obras."

La forma en que percibas el poder de la oración podría ser el punto de cambio e inflexión en tu vida. Es tiempo de orar con eficacia e intencionalidad, ya es tiempo de que la oración forme parte esencial de las actividades diarias y cotidianas, y no sea solo un típico ritual religioso basado en cumplir con la liturgia y el protocolo de una reunión semanal, donde se desperdicia tiempo y energía pidiendo cosas vanas. La oración debe ser constante e intencional, y no necesitar un lugar ni un momento específico.

Cuando la oración se ejerce con fe, activa el universo a tu favor y será apoyo y refrigerio espiritual en tiempos difíciles. Aunque no siempre produzca resultados inmediatos, la oración siempre traerá paz y felicidad al alma.

He experimentado el poder de la oración en mi vida de igual manera, he trabajado con otras personas beneficiadas de su glorioso poder. Es claro que el problema no radica en la falta de oración, sino en aprender a orar efectivamente y sin dudar.

La disciplina, la concentración y la meditación son las herramientas más eficaces para orar eficazmente. Existe una guerra espiritual en el subconsciente que bloquea cada una, y es la razón por la que, cuando decides orar, a menudo te sientes cansado y con sueño. También se activan pensamientos de micro distracciones que crean bloqueos espirituales, impidiendo el propósito y efectividad de la oración.

Por esta razón, muchas iglesias están repletas de inválidos espirituales, guiados por ciegos indoctos que se aprovechan de personas con lagunas emocionales, las cuales suelen ser tan profundas como las espirituales. Esta práctica ha transformado iglesias en edificios religiosos y clubes de conformismo y beneficencia.

"La iglesia, por defectuosa que parezca, es el teatro en donde Dios deposita su gracia y muestra su amor en mil idiomas".

La oración es respondida cuando la mente subconsciente del individuo se conecta íntimamente en el mundo invisible con lo deseado en el mundo físico, y esto se hace realidad mediante la fe.

Cuando oramos, logramos visualizar en el mundo espiritual lo que hemos pedido. La oración más efectiva es limpia e independiente. La fe es el principio operativo de todas las religiones del mundo por esta razón, tanto el cristiano, el musulmán como el judío pueden obtener respuestas a sus oraciones, sin importar las enormes diferencias entre sus creencias.

La respuesta no se debe al credo, religión o afiliación, ya que no existe un ritual o ceremonia, tampoco una fórmula litúrgica, encantamientos, sacrificios, ni ofrendas particulares. Todo se basa en la fe y en la conexión interna con Dios. Nuestra mente, de manera intencional, establece la receptividad y hace que se manifieste de forma palpable todo aquello por lo que oramos.

La Vida bajo la Ley de la Fe

Por lo general, el deseo de todos es obtener salud, felicidad, seguridad y paz mental a través de la oración.

¿Pero cuántos de nosotros hacemos de la oración el canal por el que nos comunicamos directamente con nuestro Creador y logramos, por medio de ella, estar en contacto con cada órgano de nuestro cuerpo?

Hasta hace poco, descubrí esta parte tan valiosa de la oración que cambió mi patrón mental y reorientó mi vida espiritual.

Efesios. 1:4 según nos escogió en él antes de la fundación del mundo.

Es decir, que la verdad eterna que sostiene los principios de la vida es anterior a todas las religiones.

El poder transformador que está dentro de ti opera desde la eternidad, y al descubrirlo, podrás aclarar tus dudas y superar tus limitaciones mentales, tu mente ya no estará atormentada por el miedo a la pobreza, al fracaso, a la carencia o a la frustración. Todo lo que tienes que hacer es unir tu mente, alma y espíritu con el bien que deseas obtener a través de los principios del reino espiritual. La fe que se desarrolla en tu subconsciente responderá en consecuencia, de la manera que lo creas. Tú puedes permitir que ocurran maravillas en tu vida.

Para obtener todas estas bendiciones, debes abrir tus ojos espirituales al mundo invisible y extraer de él todo lo que necesitas para vivir una vida gloriosa, alegre y abundante en el mundo físico. Muchas personas se han acostumbrado a vivir en un estado de dosificación, sin descubrir su propio potencial, debido a que no conocen este almacén de inteligencia infinita y amor sin límites que reside dentro de sí mismas. Nuestra mente subconsciente puede atraer, por medio de la oración y la fe, cualquier cosa que desees.

La oración ha sido considerada por milenios como un medio de conexión con lo divino, un acto espiritual que va más allá de las palabras y las formas visibles. Sin embargo, lo que muchas veces no se comprende es que, más allá de ser una súplica o un pedido, la oración tiene un poder profundo para transformar nuestro ser, ya que actúa en el nivel más profundo de nuestra mente.

A través de la oración, no solo estamos adquiriendo fuerzas y alimentos espirituales, sino que también estamos reprogramando nuestro subconsciente de acuerdo con la ley y el gobierno del reino espiritual.

"Venga a nosotros tu REINO, y hágase tu voluntad, aquí en la tierra como se hace en el cielo".

El subconsciente es la cámara secreta del poder divino, y es la parte de nuestra mente que opera silenciosa y continuamente, moldeando nuestra realidad a partir de las creencias y pensamientos que alberga.

VENCEDOR Intencional

Mientras que la mente consciente es analítica y racional, el subconsciente no distingue entre lo real y lo imaginario; acepta cualquier idea que se le presente de manera repetida (*micro disciplina*) y emocionalmente intensa, y la convierte en una realidad tangible. La ley de la fe en el subconsciente se basa en el principio de que aquello que creemos profunda e inquebrantablemente, se manifiesta en nuestra vida.

Creer con todo el corazón en algo, ya sea positivo o negativo, pone en marcha una serie de mecanismos internos que terminan por materializar esa creencia. Por tanto, la oración, realizada con fe genuina, puede reprogramar el subconsciente, lo que altera nuestra percepción, nuestras acciones y, eventualmente, nuestras circunstancias externas.

La Fe que Renueva

La fe es la ley que gobierna el funcionamiento del subconsciente. Mientras que en el mundo consciente solemos depender de la lógica y la evidencia tangible, en el mundo del subconsciente, la fe es la moneda de cambio. Cuando oramos con fe, no solo estamos pidiendo un cambio externo; estamos implantando en nuestra mente subconsciente una nueva realidad.

Para comprender este principio, debemos visualizar al subconsciente como un terreno fértil. Los pensamientos, emociones y oraciones que lanzamos en este terreno son las semillas que, con el tiempo, crecerán y darán fruto. La oración, entonces, no es simplemente una petición que dirigimos hacia lo externo, sino una semilla que plantamos en nuestro interior.

Si esta semilla es regada con fe, la convicción absoluta de que lo que pedimos ya es una realidad, entonces el subconsciente comenzará a trabajar en segundo plano para hacer que esa realidad tome forma.

Es importante notar que el subconsciente no juzga si lo que estamos creyendo es "*bueno*" o "*malo*". Simplemente obedece a la ley de la fe. Cuando llenamos nuestra mente de temores, preocupaciones y dudas, nuestro subconsciente trabajará para manifestar esos miedos en nuestra realidad. Por el contrario, si nutrimos nuestra mente con oraciones cargadas de fe, esperanza y gratitud, el subconsciente buscará maneras de manifestar esas cualidades en nuestra vida.

La Oración que activa la Fe

La oración es un acto intencional que nos permite dirigir nuestros pensamientos de manera consciente hacia un objetivo específico. Sin embargo, la oración eficaz no es simplemente un ejercicio repetitivo de palabras, sino un proceso en el que nuestra mente consciente y subconsciente trabajan en armonía. Las oraciones más poderosas son las que se hacen con una intención clara, sincera y, sobre todo, con la certeza de que lo que se pide ya se ha concedido.

En este sentido, podemos comparar la oración con un decreto o afirmación que instala una nueva programación en el sistema que opera el subconsciente. La fe inquebrantable es el ingrediente principal que hace que la oración tenga un impacto real. Cuando oramos con fe, estamos eliminando cualquier duda de que lo que hemos pedido se manifestará, y esta certeza es lo que permite que el subconsciente ponga en marcha los mecanismos necesarios para que eso ocurra.

Este Proceso puede ser descrito en tres fases:

1. **Claridad de Intención:** Antes de orar, es esencial tener una intención clara. Esto significa saber exactamente qué es lo que deseas. La ambigüedad genera confusión tanto en la mente consciente como en la subconsciente, mientras que una intención clara actúa como un faro que guía el proceso.

2. **Actitud Positiva:** La actitud es el lenguaje del subconsciente. Una oración hecha sin una buena actitud carece de poder, mientras que una oración llena de gratitud, amor o esperanza actúa como una potente señal que el sub consciente reconoce y acepta. La actitud positiva genera una reacción espiritual plena, que a su vez atrae experiencias alineadas con lo que crees.

3. **Fe Absoluta:** La fe no es solo una creencia intelectual; es una certeza absoluta que proviene de lo más profundo de nuestro ser. Cuando oramos con fe genuina, estamos enviando una señal clara al subconsciente de que lo que hemos pedido ya es una realidad. Esta certeza es lo que permite que la ley de la fe entre en acción y que el subconsciente comience a trabajar para manifestar lo deseado.

"El hombre de doble ánimo es inconstante en todos sus camino".

Funciones del Gobierno de la Fe en el Subconsciente

Una vez que el subconsciente ha recibido una nueva programación a través de la oración, la fe actúa como un gobernante que dirige nuestras acciones, pensamientos y comportamientos hacia la consecución de aquello en lo que creemos. El subconsciente comienza a atraer hacia nosotros las personas, situaciones y oportunidades que estén en sintonía con nuestras oraciones y creencias.

Aquí se muestra la importancia de mantener una fe constante y firme. Cuando dudamos o nos dejamos influenciar por pensamientos de miedo o incertidumbre, estamos enviando señales contradictorias a nuestro subconsciente, lo que debilita el poder de la oración. En cambio, cuando mantenemos nuestra fe inquebrantable, incluso frente a las adversidades, el subconsciente sigue trabajando de manera silenciosa y persistente para hacer que nuestras oraciones se cumplan.

La Oración como Herramienta Transformadora

La oración, cuando se practica con intención y fe, es mucho más que una simple súplica; es una herramienta transformadora que activa el poder creativo del subconsciente. A través de la ley de la fe, nuestras oraciones tienen el poder de reprogramar nuestra mente, alterar nuestras creencias y, en última instancia, manifestar una nueva realidad. El secreto está en orar con claridad, seguridad y fe inquebrantable, confiando en que lo que pedimos ya se ha concedido en el nivel subconsciente y, por tanto, se manifestará en el plano físico.

Vivir una vida de oración consciente, es vivir una vida de fe, donde cada pensamiento, palabra y acción están alineados con el poder creador que reside en nuestro interior. La oración no solo nos conecta con lo divino, sino que también nos capacita para ser cocreadores de nuestra propia realidad, guiados por la ley de la fe en nuestro subconsciente. Debes comprender esto para que lo puedas aplicar en todos los ámbitos de tu vida de manera productiva.

Cuando reconoces el potencial de tu mente, tus proyectos tomarán forma en el mundo exterior. Siempre que tengas la mente abierta y seas receptivo a la conexión de tu interior con lo eterno, todo se manifestará en lo externo. La inteligencia infinita dentro de tu subconsciente, que se desarrolla a través de una relación estrecha con lo divino mediante la oración y la fe, permite que se te revele todo lo que necesitas saber en cada momento del tiempo (*Chornos*) y en cada punto de tu vida. Podrás recibir nuevos pensamientos e ideas, crear nuevos inventos, hacer nuevos descubrimientos, y, por medio de esta inteligencia infinita, tu subconsciente te dará acceso a nuevos y maravillosos conocimientos.

Por la fe, Abraham, siendo llamado, obedeció para salir al lugar que había de recibir como herencia y salió sin saber a dónde iba. Por la fe, habitó como extranjero en la tierra prometida, como en tierra ajena, morando en tiendas con Isaac y Jacob, coherederos de la misma promesa porque esperaba la ciudad que tiene fundamentos, cuyo arquitecto y constructor es Dios. Por la fe, también la misma Sara, siendo estéril, recibió fuerza para concebir y dio a luz aun fuera del tiempo de la edad, porque creyó que era fiel quien lo había prometido. Por lo cual también, de uno, y ese ya casi muerto, salieron como las estrellas del cielo en multitud, y como la arena innumerable que está a la orilla del mar.

¡La fe intencional cambiará tu manera de pensar, de actuar y de vivir para siempre!

La Manifestación Física de la Fe

Para entender los fundamentos de la fe y cómo funcionan, es necesario comprender que la Biblia no es un libro religioso. Habla y define con claridad el estilo de vida de un pueblo religioso; sin embargo, se basa mayormente en explicar elementos que son de beneficio para la humanidad, que presentan un patrón de vida distinto, a través de reglamentos, mandatos y leyes que nos muestran cómo ser diferentes y vivir a plenitud en la tierra.

Sin embargo, podemos aprender que la Biblia habla de un plan perfectamente creado para que tengamos prosperidad, bienestar, y finalmente, ejecutar el plan perfecto de que el hombre pase la eternidad en el cielo.

Creo que, si comenzamos a leer la Biblia, desde el punto de vista de lo que Dios nos quiere enseñar, podremos tener una perspectiva diferente de cómo vivimos y la manera en que deberíamos vivir.

Por ejemplo, la Biblia dice de manera clara y directa:

"Cualquiera que diga a este monte: 'Quítate y échate en el mar', y no dude en su corazón, todo lo que diga le será hecho".

Esta no es una promesa sin contexto, sino que hay condiciones y expectativas asociadas a la promesa en sí. Debes pedirle a Dios lo que está en Su voluntad y también permanecer conectado a tu naturaleza espiritual para saber cuál es esa voluntad. Si lo haces, los deseos de tu mente coincidirán, y Dios responderá tus oraciones. Además, debes pedir con los motivos correctos.

Si le pides a Dios cosas que te desvían del propósito por el cual fuiste creado, te dirigirás hacia un conflicto interno, esto crea la posibilidad de que tus oraciones no sean contestadas, para tu propio beneficio.

La fe es una fuerza invisible, pero poderosa, capaz de transformar lo intangible en tangible. A lo largo de la historia, tanto las tradiciones espirituales como la ciencia del pensamiento han destacado el papel de la fe como un agente capaz de alterar la realidad física. La manifestación de la fe en el mundo físico no es un proceso mágico o místico, sino una ley universal que opera en todos los seres humanos.

La fe Ambidiestra... Creer para Ver

El mundo físico responde a nuestras creencias profundas. En lugar de ver **para creer**, el verdadero poder de la fe reside en **creer para ver**.

La mayoría de las personas limitan su experiencia al esperar pruebas visibles antes de creer en algo. Sin embargo, aquellos que ejercen su fe comprenden que primero deben establecer una creencia firme antes de que el mundo externo responda a esa creencia.

Por ejemplo, cuando una persona tiene fe en su capacidad para lograr un objetivo, esa convicción influye en su comportamiento: actúa con confianza, persiste frente a las dificultades y toma decisiones alineadas con ese objetivo. Esta actitud mental, generada por la fe, crea las circunstancias que finalmente permiten la manifestación del resultado deseado.

La Ley de Atracción y la Fe

La ley de atracción es una manifestación directa de cómo la fe actúa en el mundo físico. Según esta ley, aquello en lo que creemos con mayor intensidad, ya sea positivo o negativo, atrae experiencias correspondientes a esa creencia. Si creemos profundamente que algo bueno va a suceder, nuestras emociones, pensamientos y comportamientos se alinean con esa creencia, lo que provoca que las circunstancias externas reflejen esa realidad.

La fe genera una vibración que atrae situaciones y personas que resuenan con esa energía. Por ejemplo, alguien que tiene fe en su éxito encontrará más oportunidades, recursos y aliados que alguien que vive en la duda o el miedo. Esta vibración, emitida por el estado mental y emocional, es lo que conecta la fe interna con la manifestación externa.

La Fe Como Acción Inspirada

Es importante destacar que la manifestación de la fe no es solo un proceso pasivo. La fe auténtica impulsa a la acción. Cuando creemos con certeza en algo, nos sentimos impulsados a actuar en esa dirección. Estas acciones, aunque pequeñas, generan una serie de efectos en cadena que terminan por materializar lo que inicialmente solo existía en nuestra mente.

Por ejemplo, alguien que tiene fe en su capacidad para sanar o mejorar su salud tomará medidas concretas: cambiará su dieta, hará ejercicio, buscará tratamientos adecuados o adoptará hábitos más saludables. Estas acciones intencionales, nacidas de la fe, son las que finalmente se traducen en una manifestación visible y tangible.

El Poder Creativo de la Fe

Para comprender cómo la fe se manifiesta en el mundo físico, es necesario primero entenderla como una herramienta espiritual creativa. Todo lo que existe en el mundo material comenzó primero como una idea, un pensamiento o una creencia. Esta idea, al ser alimentada por la fe y la acción, pasa de ser un concepto abstracto para convertirse en una experiencia real.

La fe actúa como un puente entre el mundo mental, el mundo espiritual y físico. Cuando una persona tiene fe en algo, no solo está imaginando o deseando un resultado, sino que está convencida de su inevitable manifestación. Esta certeza actúa como una señal que guía las acciones, las decisiones y los eventos externos hacia la materialización de ese deseo. Cuando creemos con certeza absoluta en algo, esa creencia se convierte en una semilla que, con el tiempo, se materializa en nuestra realidad

La manifestación de la fe en el mundo físico es una realidad accesible para todos. Lo que creemos internamente se refleja en nuestras vidas a través de nuestras acciones y emociones, y el mundo externo responde a esas creencias. Al comprender que la fe es una ley universal y un poder creativo, podemos utilizarla conscientemente para dar forma a nuestras experiencias, sabiendo que lo que sostenemos con fe en nuestro interior se hará visible en el exterior.

La clave está en mantener una creencia firme, actuar de manera intencional con esa creencia y confiar en el proceso, sabiendo que todo aquello en lo que depositamos nuestra fe tiene el potencial de convertirse en una realidad palpable.

Todo lo que existe en este mundo tiene un propósito único en nuestras vidas. Piensa en este momento en aquel proyecto que por años has querido desarrollar: el negocio, la idea de innovación que siempre has tenido, el libro que quieres escribir, el lugar que quieres visitar, las personas que quieres conocer, incluso el tipo de vida sentimental que quieres para ti. Ya basta de excusas. Diariamente, durante muchos años, has estado parado en el lugar donde ocurren los milagros, y de la misma manera que el paralítico de Bethesda, solo ves cómo otros se lanzan a las aguas mientras inviertes tu energía en hablar de las limitaciones, en vez de tomar una decisión.

Lee la pregunta nuevamente: ¿Quieres ser sano?

La forma en que funciona tu mente es creyendo en la fe misma; tu mente hace posible todo lo que te propongas. En otras palabras, la creencia de tu mente es el pensamiento manifestado en el mundo físico.

Todas tus experiencias son producidas por tu mente subconsciente a partir de la reacción de tu mente consciente. Creer para ver significa que no es la sustancia física en la que se cree, sino la fe y la creencia que se forma en tu propia mente la que produce el resultado. La determinación con la que actúes ocupa el primer lugar en el progreso de tu propósito en la vida. Sin importar cuántos errores hayas cometido, cuántas veces tengas que empezar de nuevo o cuán lejos te hayas alejado de tus planes, lo único que te separa del éxito es lo que determines hacer en este momento.

 *"Cuando se genera un pensamiento de cambio y se pone en acción, los resultados estarán garantizados".*

Decídete hoy a comenzar y dar el primer paso. Solo depende de ti; todo lo que existe en tu corazón ya tiene vida desde antes de la fundación del mundo. Dios solo está esperando que tomes la acción de darle vida en la dimensión del mundo físico. Así como Dios le preguntó a Moisés cuando estuvo frente al mar: ¿Qué tienes en tus manos?, esto significa que ya estás equipado con todas las herramientas que necesitas, y ninguna fuerza terrenal o espiritual puede removerlas. Solo tu mente puede limitarte.

¡Elimina las distracciones que empañan la visión de tu tierra prometida, sé intencional en tus decisiones y lograrás ser vencedor!

CAPÍTULO VI

EL DESPERTAR

«En el despertar de nuestro subconsciente, entendemos que la verdadera libertad y plenitud no se encuentran en la gratificación inmediata, sino en tener una vida plena e intencional que nos ayuda a reconectar con nuestro ser interior y con nuestro hogar espiritual».

Quiero empezar este capítulo hablando de uno de mis diez personajes bíblicos favoritos: el *"hijo pródigo"*, quien, después de tenerlo todo, lo malgastó y vivió en miseria y desgracia debido a las malas decisiones que tomó.

La parábola del hijo pródigo es una de las narrativas más poderosas sobre el viaje interior del ser humano, una historia de redención y autodescubrimiento que refleja la experiencia de quienes, atrapados en las prisiones mentales que ellos mismos han creado, logran encontrar el camino hacia la libertad emocional y espiritual. Este despertar emocional representa el momento en que rompemos las cadenas de nuestro subconsciente que nos atan a patrones de pensamientos destructivos y comenzamos a vivir intencionalmente desde nuestra verdadera esencia, llenos de propósito y paz interior.

En la historia, el joven toma la decisión de dejar la casa de su padre, llevarse su herencia y aventurarse en un mundo de excesos y placeres. Al principio, esta elección parece un acto de libertad: una búsqueda de independencia, de gratificación inmediata y de experiencias que prometen satisfacción. Sin embargo, pronto descubre que lo que percibía como libertad, era en realidad el primer paso hacia su prisión personal.

La prisión, usualmente mental, no es evidente. A menudo, comenzamos a construirla sin darnos cuenta, tomando decisiones basadas en el deseo superficial o la rebelión, creyendo que estamos escapando de alguna forma de limitación. En realidad, estamos creando muros internos con cada elección que nos desconecta de nuestra esencia, de nuestra paz interior y de los valores que realmente nutren el alma. El hijo pródigo, en su viaje de autoindulgencia, cae en una espiral de insatisfacción, pobreza y soledad, sintiéndose cada vez más atrapado en una realidad que él mismo forjó.

No es sorpresa que, dentro de nuestra humanidad limitada y herida, al igual que el hijo pródigo, entendamos que no merecemos otra oportunidad para los privilegios que una vez tuvimos y tomemos decisiones basadas en la necesidad que enfrentamos. En estos casos, aceptar ser maltratados y humillados se convierte en un acto de auto castigo que nace desde un sentimiento de culpa que crea remordimiento. Cuando un individuo acepta el maltrato, ya sea en su trabajo o en relaciones conyugales, esto se basa en un sentimiento de culpa que se traduce como auto castigo, creado por la soledad y el miedo que se siente por las malas decisiones tomadas durante el hambre emocional.

El despertar emocional, al igual que en la historia del hijo pródigo, suele ocurrir en el punto más bajo de nuestra experiencia. En la parábola, este momento sucede cuando el hijo, después de haberlo perdido todo, se encuentra alimentando cerdos, un trabajo humillante y degradante. En este punto, sumido en la desesperación, tiene un instante de lucidez:

*"¿Qué estoy haciendo aquí? En la casa de mi padre,
los siervos viven mejor que yo".*

Este fue el momento del despertar emocional. Cuando, tras haber tocado fondo, surge una chispa de autoconciencia que nos permite ver con claridad el estado en el que estamos y, más importante aún, reconocer que hay una salida. Es el momento en que comprendemos que nuestra verdadera prisión no está en nuestras circunstancias externas, sino en nuestra mente: en los pensamientos de culpa, vergüenza, miedo o indignidad que nos hemos permitido creer y que nos mantienen atrapados, formando una neblina emocional que obstruye el subconsciente.

En el despertar de nuestro subconsciente, entendemos que, aun después de haber vivido en el engaño y cometer errores de autodestrucción, finalmente comprendemos que la verdadera libertad y plenitud no se encuentran en la gratificación inmediata, sino en tener una vida plena e intencional que nos ayuda a reconectar con nuestro ser interior y con nuestro hogar espiritual.

"Y volviendo en sí".

Allí no hubo milagros, ni ángeles, tampoco se formó un exorcismo comunitario en donde buscaran a quien tuviera más "*unción*". No hubo profetas ni pastores, tampoco oraciones pactadas con compromisos financieros, y ningún "*líder*" se lucró de la situación. Lo único que ocurrió fue que este muchacho cambió sus pensamientos de manera intencional. Este cambio es también el camino hacia la libertad emocional. Al igual que el hijo pródigo, todos nosotros debemos enfrentar los sentimientos de arrepentimiento y perdonarnos a nosotros mismos por las decisiones que nos llevaron a la prisión mental. Es un proceso de reconocimiento de nuestra vulnerabilidad, pero también de nuestra capacidad para cambiar, para ser mejores y para recuperar el sentido de propósito y paz que alguna vez perdimos.

"Me levantaré e iré a mi padre, y le diré…"

Esta decisión activó en el mundo físico el pensamiento de su mente. Recordemos que este joven estaba en medio de una pocilga, rodeado de estiércol y de animales que, según su crianza, eran considerados inmundos.

Si permites que las necesidades físicas, emocionales o espirituales controlen el pensamiento, se formará un injerto de destrucción emocional, en el que se tomarán decisiones incorrectas, basadas solo en la necesidad que el ambiente creó. Te relacionarás con personas equivocadas, comerás la comida equivocada, y harás cosas que nunca hubieras hecho si no estuvieras en un ambiente que crea hambre emocional.

El resto de esta historia nos muestra que no existe un lugar tan bajo ni una situación tan difícil de la que no podamos salir. Solo aquellos que deciden activar el maravilloso poder del subconsciente mediante una vida intencional pueden experimentar el cielo en la tierra. No hemos sido creados para sufrir, ni mucho menos para vivir en miseria. La miseria es un estado espiritual que se adopta cuando desvías tu visión y propósito, y te enfocas en los problemas y necesidades que te rodean. Solo reafirmando diariamente la conexión intencional con tu subconsciente tendrás la oportunidad de disfrutar los resultados que buscas.

El pensamiento es la acción incipiente, la reacción es la respuesta de tu mente subconsciente que corresponde a la naturaleza de tu pensamiento y se manifiesta en el mundo físico. La frontera que separa tus pensamientos del mundo físico, es la decisión que tomes en este momento. Adoptar una vida intencional es la llave que abre la puerta de la prisión mental. Nos enseña a perdonar y a perdonarnos del peso de las culpas y de los errores del pasado. También nos permite avanzar con un corazón más ligero, más sabio y compasivo hacia nosotros mismos.

El Símbolo de la Jerarquía de la Iglesia de Hoy

¿Qué hacer cuando los fieles se vuelven peores que los llamados impíos?

La parábola del hijo pródigo es una de las historias más poderosas del evangelio, llena de lecciones sobre el perdón, la gracia y la redención. Sin embargo, uno de los aspectos más ignorados de esta parábola es la figura del *"hermano mayor."*

Este personaje representa a aquellos dentro de la iglesia que, lejos de mostrar compasión, se deleitan en el juicio. Son los guardianes de una moral rígida, incapaces de entender la profundidad del amor del Padre. Este capítulo explora la realidad incómoda de cómo, en muchas iglesias de hoy, son precisamente los líderes y pastores, quienes deberían reflejar la gracia de Dios, los que más rápido se vuelven jueces implacables y distantes.

 *"Los hijos de este siglo son más sagaces en las relaciones con sus semejantes que los hijos de la luz".*

Los líderes, en su afán por mantener el *"orden"*, generar finanzas y preservar su autoridad, terminan despreciando a quienes han errado, y omiten el llamado central y principal del cristianismo: restaurar a los caídos y mostrar amor incondicional.

En la parábola, el hermano mayor no podía entender cómo su padre podía recibir al hijo pródigo con tal gozo. "*Nunca me has dado ni un cabrito para celebrar con mis amigos*", dice con amargura. Esta queja es una manifestación clara de su orgullo, su justicia propia y su sentido de superioridad moral. Para él, el valor de su hermano había sido completamente destruido por su error. No podía ver más allá de la falla de su hermano menor, y mucho menos comprender el acto de gracia que su padre había mostrado.

Hoy, el espíritu del hermano mayor sigue vivo en muchos lugares. Los grandes líderes, y aquellos que deberían ser un reflejo de la compasión y el amor de Dios, a menudo se comportan como guardianes de una justicia que no tiene espacio para el error. Cuando alguien cae, ya sea moral o espiritualmente, su caída se convierte en un motivo para el desprecio, y es tratado como si nunca hubiese sido parte del cuerpo de Cristo. Al igual que el hermano mayor, estos líderes no celebran el regreso de los arrepentidos, pero si alguien le mostrara compasión y la oportunidad de restaurarse a quien erra, se sentirán traicionados por la gracia.

Indiferencia del Sistema

Una de las realidades más dolorosas es que, en muchas iglesias, los "*líderes*" no buscan a quienes han caído. Al contrario, los condenan al ostracismo.

Mientras que un miembro esté diezmando y ofrendando constantemente, sirviendo de cortesano emocional e idolatrando a líderes que tienen traumas emocionales, complejos de autoestima y un síndrome de celebridad que les hace creer que lo merecen todo, será siempre valorado y alabado. Pero cuando comete un error, cuando su vida deja de alinearse con los estándares morales impuestos, es descartado como un recurso inútil, al extremo de que nadie lo busca ni lo llama nunca más.

Al igual que el hermano mayor, muchos líderes espirituales parecen creer que el valor de una persona radica exclusivamente en su desempeño o en su capacidad de mantenerse impecable. Cuando un líder o miembro clave comete un error, el apoyo que alguna vez recibió se evapora rápidamente. La comunidad que antes lo valoraba ahora lo ignora o lo desprecia. La iglesia, en lugar de buscar a la oveja perdida, se desentiende de ella. Es entonces cuando quien ha errado encuentra refugio en lugares equivocados, como consecuencia del desprecio de la iglesia.

Pero si se trata del líder principal, el pianista, el hijo del pastor, el adorador profesional o el *"pastor"*, inmediatamente la gracia sobreabunda y la misericordia es aplicada de manera correcta.

Una de las mayores tragedias del cristianismo contemporáneo es que la iglesia no te busca cuando ya no te necesita. Mientras seas útil, como líder, músico, maestro o servidor, te mantendrán cerca. Sin embargo, si tu valor funcional o financiero se pierde debido a un error o una caída, serás ignorado. El amor que una vez parecía ser genuino, se revela como condicional, porque está atado a tu capacidad de *"servir"* a los intereses del sistema.

Al igual que el hermano mayor que no podía soportar la idea de que su hermano fuera restaurado sin haber pagado las consecuencias que él consideraba necesarias, muchos líderes y pastores ven a los caídos como una carga o una amenaza. Cuando ya no puedes ser utilizado por la iglesia, te conviertes en un problema que es más fácil ignorar que enfrentar. Esta actitud no solo es inhumana, sino que traiciona directamente el mensaje de Cristo, quien dejó las noventa y nueve ovejas para ir en busca de la que estaba perdida.

Irónicamente, en muchas iglesias, son las personas menos religiosas, aquellos miembros *"comunes"* que no ocupan posiciones de liderazgo, quienes muestran mayor amabilidad y compasión hacia los caídos. Estos creyentes, que tal vez no tienen un título o una plataforma, entienden mejor el dolor y las luchas humanas. En

VENCEDOR Intencional

muchos casos, son los primeros en ofrecer una mano amiga, una palabra de aliento, o simplemente su presencia en los momentos difíciles.

Este contraste entre los líderes y los fieles refleja cómo el poder y la autoridad pueden corromper incluso a quienes se supone que deben liderar con humildad y amor. Los líderes, preocupados por mantener el control y evitar el "*escándalo*", a menudo se distancian de quienes han caído, mientras que los miembros invisibles o los llamados impíos, quienes suelen estar más conectados con la realidad del sufrimiento humano, son más rápidos en mostrar gracia.

Es triste ver el sufrimiento de quienes yerran en estos centros religiosos de recreación emocional que se hacen llamar "*iglesias.*"

Generalmente, se juzga y condena el escándalo, la fornicación, el adulterio, pero también se suele despreciar a las personas que enfrentan eventos desagradables e indeseados en su vida, como un divorcio o una crisis familiar. Estos pecados visibles se convierten en la plataforma de la adulación empírica que forman los líderes indoctos, quienes, aunque viendo, en realidad no ven, y aunque oyen, en realidad no escuchan.

Sin embargo, la arrogancia, el engaño, la mentira y el desprecio con que estos "*líderes*" tratan a quienes consideran comunes, no es detectado en su falso escáner de santidad ficticia, construido por un ejército de duendes espirituales en el polo norte de su falsedad, que funciona eficazmente solo con aquellos que han errado.

La censura y el oprobio nunca han rescatado un alma del error y del pecado; al contrario, empujan a las personas a refugiarse en lugares de tinieblas y malas compañías, donde encuentran el apoyo emocional que les ha sido negado.

La actitud de estos depredadores espirituales es de origen fariseo, cuya raíz etimológica proviene del hebreo *perushim* (separados, "*separatistas*"), derivado del verbo *parush* (*separar*)

Ya basta de disfrazar las cosas, es tiempo de poner fin al desprecio y al engaño, es tiempo de que la iglesia vuelva a ser Iglesia.

Como está escrito: *"Si el Padre os libertare, seréis verdaderamente libres."*

Los Muros Emocionales de los Pensamientos Negativos

Todos enfrentamos muros emocionales en algún momento de nuestra vida. Son esas barreras invisibles, pero poderosas, que nos limitan, nos impiden avanzar y nos mantienen prisioneros de los pensamientos negativos que habitan en lo más profundo de nuestro subconsciente. Estos muros no son físicos, pero tienen un impacto tangible en nuestras emociones, nuestras acciones y, sobre todo, en nuestra capacidad para vivir una vida plena e intencional.

Este tema está dedicado a mostrar cómo derribar esos muros emocionales que han sido construidos por años de pensamientos negativos, experiencias dolorosas y creencias limitantes.

Pero, más importante aún, te mostraré cómo hacerlo de manera intencional, porque solo con intención clara podemos reescribir la narrativa que domina nuestro subconsciente y recuperar el control de nuestras emociones y de nuestras vidas.

Inyectando Pensamientos Negativos al Subconsciente

El subconsciente es la parte de nuestra mente que opera de manera automática, sin que seamos completamente conscientes de ella. Es allí donde se almacenan nuestras creencias más profundas, las ideas que tenemos sobre nosotros mismos y el mundo que nos rodea.

VENCEDOR Intencional

A menudo, los pensamientos negativos arraigados en el subconsciente surgen de experiencias pasadas, traumas no resueltos o patrones de pensamientos que hemos aprendido a lo largo de los años.

Estos pensamientos negativos se convierten en muros emocionales porque nos limitan. Nos hacen creer que no somos lo suficientemente buenos, que no merecemos el éxito, que no somos dignos de amor o que el mundo es un lugar peligroso en el que siempre debemos estar a la defensiva. Y, aunque estos pensamientos no son necesariamente reales, el subconsciente los trata como si lo fueran, condicionando nuestra forma de ver la vida.

El primer paso para derribar estos muros es reconocer que existen y que están fundamentados en una percepción distorsionada de la realidad. Este reconocimiento es clave porque, una vez que somos conscientes de lo que nos está frenando, podemos empezar a trabajar de manera intencional para cambiarlo.

Muro de Limitaciones en las Emociones

Imagina que tu mente es como una casa construida sobre creencias. Algunas de esas creencias son sólidas y útiles, como pilares que sostienen tu vida y te ayudan a avanzar. Pero otras creencias son muros que te encierran, limitan tu capacidad de crecer y te mantienen atrapado en un espacio emocional y mental reducido. Estos muros emocionales no solo afectan tu estado de ánimo, sino que también limitan tus relaciones, tu capacidad de tomar riesgos y tu disposición para aprovechar las oportunidades.

Por ejemplo, si constantemente piensas que "no eres lo suficientemente bueno" o que "siempre fracasarás", esos pensamientos limitantes te impedirán arriesgarte en nuevas oportunidades o buscar relaciones saludables. Estos pensamientos actúan como barreras que te mantienen en tu zona de confort, aunque esa zona sea dolorosa o insatisfactoria.

La Intencionalidad: Formación y Desarrollo de la Mente Consciente

Derribar estos muros emocionales requiere un esfuerzo intencional y consciente. No puedes esperar que los pensamientos negativos desaparezcan por sí solos; debes tomar medidas activas para cambiarlos. El enfoque intencional consiste en utilizar tu mente consciente para reprogramar tu subconsciente. En otras palabras, debes decidir intencionalmente cuáles son los pensamientos que deseas tener y qué tipo de vida quieres vivir.

La mente consciente tiene el poder de influir en el subconsciente, pero esto no ocurre de la noche a la mañana. Es un proceso que requiere práctica, paciencia y consistencia. Sin embargo, una vez que aprendes a usar tu mente de manera intencional, puedes transformar tus creencias más profundas y derribar los muros que te han estado reteniendo.

Pasos para Derribar los Muros Emocionales

A continuación, te presento un proceso intencional para derribar los muros emocionales que limitan tu vida. Estos pasos no solo te ayudarán a identificar las creencias negativas que han moldeado tu subconsciente, sino que también te guiarán hacia una nueva forma de pensar y de vivir.

1. **Identifica los Pensamientos Negativos:**

El primer paso es ser consciente de los pensamientos negativos que están detrás de tus muros emocionales. Pregúntate a ti mismo:

"¿Qué creencias me están limitando?" Estas pueden ser frases como:

- *"Nunca soy lo suficientemente bueno."*
- *"Siempre fracaso."*
- *"No merezco ser feliz."*

- *"Las personas siempre me abandonan."*

Es importante ser honesto contigo mismo en esta etapa. Muchas de estas creencias se han arraigado profundamente y puede que ni siquiera te des cuenta de que están ahí. Sin embargo, una vez que las identificas, puedes empezar a trabajar para desmantelarlas.

2. Cuestiona las Creencias Limitantes:

El siguiente paso es cuestionar esas creencias. Pregúntate:

"*¿Es realmente cierto esto que pienso sobre mí?*"

La mayoría de las veces, descubrirás que estas creencias no son objetivas, sino que están basadas en miedos, malas experiencias o interpretaciones equivocadas de la realidad.

Cuestionar estas creencias es una forma de romper el poder que tienen sobre ti. Al desafiarlas, empiezas a debilitar los muros que han sido construidos en tu mente.

3. Reemplaza los Pensamientos Negativos por Afirmaciones Positivas:

Una vez que hayas identificado y cuestionado los pensamientos negativos, es momento de reemplazarlos por afirmaciones positivas. Si, por ejemplo, uno de tus pensamientos limitantes es: "No soy lo suficientemente bueno", puedes reemplazarlo por una afirmación como:

"Soy valioso y tengo mucho que ofrecer".

Las afirmaciones positivas son poderosas porque empiezan a reprogramar tu subconsciente. Cuando repites afirmaciones con intención, estás diciéndole a tu mente que elige creer en algo diferente. Con el tiempo, estas afirmaciones se convierten en nuevas creencias que reemplazan las antiguas.

4. Visualiza la Vida que Deseas Crear:

La visualización es una herramienta poderosa para derribar los muros emocionales. Tómate unos minutos cada día para visualizar la vida que deseas. Imagina cómo te sentirías si esos muros no existieran. Visualiza las oportunidades que aprovecharías, las relaciones que construirías y el tipo de persona que serías sin las limitaciones de tus pensamientos negativos.

La visualización crea un mapa mental que le dice a tu subconsciente hacia dónde quieres ir. Cuanto más vívida sea tu visualización, más clara será la dirección que le estás dando a tu mente.

5. Actúa con Intención:

El paso final es tomar acciones intencionales que refuercen las nuevas creencias que estás cultivando. Si antes pensabas que no eras lo suficientemente bueno para una determinada tarea, comienza a tomar pequeños riesgos que desafíen esa creencia.

Haz algo que te saque de tu zona de confort, pero que esté alineado con la nueva mentalidad que estás desarrollando. Recuerda que la acción es lo que consolida los cambios. Puedes repetir afirmaciones y visualizar todo lo que quieras, pero si no actúas en consecuencia, los muros emocionales seguirán en su lugar. Cada pequeño paso que tomes hacia tus nuevas creencias debilita esos muros y te acerca a una vida plena.

Derribar los muros emocionales que los pensamientos negativos han construido en tu subconsciente no es un proceso rápido ni fácil. Requiere compromiso, consistencia e intención. Pero lo más importante es que es posible. No estás condenado a vivir tras esos muros para siempre.

Cuando decides de manera intencional que ya no serás prisionero de tus pensamientos negativos, abres la puerta a una nueva vida.

VENCEDOR Intencional

Una vida donde el miedo y la autolimitación no tienen el control, donde puedes ser libre de perseguir tus sueños, construir relaciones auténticas y vivir de acuerdo con tu verdadero potencial.

Recuerda: Los muros emocionales no son permanentes. Con intención, puedes derribarlos y construir en su lugar una vida llena de posibilidades. Tú tienes el poder de transformar tu mente, y al hacerlo, transformarás tu mundo.

Lo importante es reconocer y admitir la doble naturaleza de nuestra mente. Algo maravilloso que podemos hacer para tener una idea clara de cómo funcionan estas dos partes, es verlo de esta manera: Todos los acontecimientos que ocurren en tu vida, tu mente consciente sacará conclusiones y enviará el contenido más conveniente a tu mente subconsciente.

El contenido puede ser bueno o malo, y lo único que determina su sustancia es la forma intencional en que lo apliques en las decisiones conscientes que tomes a lo largo de tus tareas diarias. Es simple: si siembras espinos, nunca recogerás uvas.

"Cada pensamiento es una causa y cada condición es un efecto".

Por eso es vital que cuides tus pensamientos y que siembres pensamientos de paz, felicidad, acción correcta, buena voluntad y prosperidad. Cuando logras entender los beneficios de una vida intencional y una mente renovada, los pensamientos que surgirán en tu subconsciente serán constructivos, armoniosos y pacíficos. El poder de tu mente activa tu fe en el mundo físico, y esta responderá con condiciones armoniosas y entornos agradables. Y lo mejor de todo, una vez que comiences a controlar tus pensamientos, podrás aplicar los poderes de tu subconsciente a cualquier problema o dificultad.

Tu subconsciente recibe las órdenes que le das basándose en lo que tu mente consciente cree y acepta como cierto.

Recuerda, tu subconsciente no cuestiona las órdenes ni el origen de estas; esto hace que la fe se manifieste drásticamente en lo que acordamos internamente con nuestra alma y espíritu. Si permites que la duda controle tus pensamientos, tu mente subconsciente manifestará tus palabras en el mundo físico y se encargará de que no puedas lograr nada de lo que deseas.

Asegúrate de pensar en todo lo que es verdadero, todo lo honesto, todo lo justo, todo lo puro, todo lo amable, todo lo que es de buen nombre; si hay alguna virtud, si algo es digno de alabanza, en esto pensad.

¿Cómo derribar los pensamientos negativos?

Estas son varias maneras en las que puedes educar tu subconsciente de manera positiva y evitar que los pensamientos negativos te perjudiquen:

- Aprende a notar pensamientos irracionales acerca de ti mismo.
- Aprende a detener esos pensamientos.
- Aprende a reemplazar los pensamientos negativos por pensamientos más acertados.
- Aprende a relajar la mente y el cuerpo, lo que puede reducir el estrés.
- Aprende a manejar mejor tu tiempo, lo cual también puede reducir el estrés.

Educar el subconsciente para evitar pensamientos negativos requiere un enfoque integral que incluya hábitos físicos, emocionales y espirituales.

VENCEDOR Intencional

1. Mantener una Rutina de Ejercicio Regular:

El ejercicio no solo beneficia al cuerpo, sino también a la mente y al espíritu. El ejercicio físico ayuda a liberar endorfinas, que combaten el estrés y los pensamientos negativos. Al mover el cuerpo, se estimula el cerebro para enfocarse en lo positivo. Encuentra una actividad física que disfrutes, ya sea caminar, correr, nadar o practicar yoga. Dedica tiempo cada día a mover tu cuerpo y liberar tensiones.

El ejercicio regular te ayuda a mantener un estado mental equilibrado, reduciendo el impacto de los pensamientos negativos y aumentando la claridad mental.

2. Mantener una Nutrición Adecuada:

Una buena nutrición es fundamental para el bienestar mental. Comer alimentos nutritivos y equilibrados influye directamente en cómo te sientes. Los alimentos ricos en vitaminas, minerales y antioxidantes favorecen una mente clara y positiva. Prioriza una dieta rica en frutas, verduras, proteínas y granos enteros. Evita alimentos procesados o ricos en azúcares que pueden afectar tu estado de ánimo.

Al alimentarte adecuadamente, ayudas a que tu cuerpo y cerebro funcionen de manera óptima, lo que reduce la probabilidad de experimentar fluctuaciones emocionales o pensamientos negativos.

3. Practicar la Socialización Positiva:

Rodearte de personas que te apoyen y te animen es clave para mantener una mentalidad saludable. Las relaciones positivas alimentan el alma y pueden ayudarte a ver las situaciones desde una perspectiva más optimista. Busca amigos y familiares que te inspiren y te ayuden a crecer. Participa en actividades comunitarias, asiste a eventos sociales y cultiva relaciones que te brinden apoyo emocional.

Las interacciones sociales positivas refuerzan la sensación de pertenencia y aceptación, lo que te ayuda a contrarrestar pensamientos negativos y a fortalecer tu autoestima.

4. Vivir una Vida Intencional:

La vida intencional implica actuar conscientemente, tomando decisiones basadas en tus valores y metas. Al vivir con propósito, disminuyes la influencia de pensamientos negativos que puedan desviarte del camino que deseas recorrer. Establece metas claras, tanto a corto como a largo plazo.

Reflexiona cada día sobre tus decisiones y cómo están alineadas con tus objetivos. Practica la gratitud para mantenerte enfocado en lo positivo. Al vivir intencionalmente, programas tu mente para enfocarse en lo que realmente importa, lo que ayuda a disipar el ruido de pensamientos negativos.

5. Renovar la Mente en Conexión con Dios:

La Biblia nos recuerda la importancia de renovar nuestra mente para vivir una vida plena.

> *"No os conforméis a este siglo, sino transformaos por medio de la renovación de vuestro entendimiento."*

Esto implica reprogramar tu subconsciente con pensamientos positivos y bíblicos que fomenten una mentalidad de fe y esperanza. Dedica tiempo a la meditación diaria de la Palabra de Dios. Memoriza versículos que te fortalezcan y te den paz cuando los pensamientos negativos te invadan.

Al centrarte en las verdades bíblicas, reprogramas tu mente para alinearse con los principios de Dios, lo que te ayuda a combatir las dudas y los miedos.

VENCEDOR Intencional

6. Confiar y Creer en Dios en Vez de Preocuparse:

La Biblia también nos anima a no preocuparnos, sino a confiar en Dios.

> *"Por nada estéis afanosos, sino sean conocidas vuestras peticiones delante de Dios en toda oración y ruego, con acción de gracias."*

Esto nos recuerda que no debemos permitir que las preocupaciones y los pensamientos negativos dominen nuestra mente. Cuando te sientas abrumado por pensamientos negativos, recurre a la oración y la gratitud. Haz una lista de cosas por las que estés agradecido y confía en que Dios tiene el control de cada situación. Practicar la gratitud y confiar en Dios entrena tu subconsciente para enfocarse en lo positivo y en las soluciones, en lugar de dejarse dominar por las preocupaciones.

7. Técnicas de Respiración y Relajación:

La práctica de ejercicios de respiración profunda y relajación te ayuda a calmar la mente y a despejar pensamientos intrusivos. Esto es especialmente útil cuando sientes que los pensamientos negativos están tomando el control.

Dedica unos minutos cada día a respirar profundamente, enfocándote en la inhalación y exhalación lenta y controlada. También puedes practicar técnicas de relajación como la meditación o el mindfulness. Estas técnicas calman el sistema nervioso y entrenan tu subconsciente para reaccionar con calma y claridad ante situaciones difíciles, en lugar de dejar que los pensamientos negativos te dominen.

8. Practicar el Perdón:

Guardar rencor o resentimiento alimenta los pensamientos negativos y afecta el bienestar emocional. El acto de perdonar, tanto a los demás como a ti mismo, es esencial para liberar tu mente y tu subconsciente de la carga emocional. La mayoría de los casos de demencia y trastornos mentales se originan por la ausencia del perdón. Identifica aquellas áreas de tu vida donde necesites perdonar, ya sea a otros o a ti mismo. Ora y pídele a Dios que te ayude a soltar esos sentimientos negativos y a vivir en paz.

Al practicar el perdón, liberas tu mente de cargas innecesarias, lo que te permite enfocarte en pensamientos positivos y edificantes.

Educar el subconsciente de manera intencional para evitar pensamientos negativos requiere un enfoque holístico. Al incorporar hábitos como el ejercicio, la buena alimentación, la socialización positiva y una vida intencional basada en la Palabra de Dios, podrás transformar tu mente y llenar tu vida de pensamientos saludables. Al final, es un proceso continuo de renovación y enfoque en lo bueno y lo verdadero.

Tu mente es tu mayor tesoro, tu santuario y tu campo de batalla. Siempre estará contigo, así que sé cuidadoso y evita llenarla de pensamientos y contenidos tóxicos. Si ignoras o mal utilizas su poder, este podría volverse en tu contra y destruirte.

VENCEDOR Intencional

> La fuente de los milagros más asombrosos que considerabas inalcanzables será tuya cuando aprendas a utilizar tu mente de manera intencional.

CAPÍTULO VII

EL NIVEL CONSCIENTE RACIONAL Y EL NIVEL SUBCONSCIENTE IRRACIONAL

«La mente racional se encarga de organizar nuestras experiencias, evaluar la información que recibimos y elegir qué acciones tomar basándose en datos y hechos concretos.»

La mente humana es una herramienta extraordinaria, dividida en dos grandes dominios: la mente racional y la mente irracional. Cada una de estas partes juega un papel crucial en cómo percibimos el mundo, cómo tomamos decisiones y, en última instancia, cómo moldeamos nuestras vidas. Entender la diferencia entre la mente racional e irracional es fundamental para aprovechar su poder de manera intencional. Cuando combinamos este conocimiento con la comprensión de nuestra conexión espiritual y el poder del subconsciente, podemos transformar el rumbo de nuestras vidas de manera profunda y duradera.

La mente racional, también conocida como el *"pensador lógico"* o mente consciente, es la parte de nuestro ser que opera en base a la lógica, el análisis y el razonamiento. Es la que utilizamos para resolver problemas, tomar decisiones deliberadas y analizar situaciones de manera objetiva. Esta parte de nuestra mente está profundamente conectada con lo que podemos observar y procesar de manera directa.

La función principal de la mente racional es organizar nuestras experiencias, evaluar la información que recibimos y elegir qué acciones tomar basándose en datos y hechos concretos.

Un ejemplo práctico es cuando decidimos qué camino tomar para llegar a un destino; evaluamos la distancia, el tráfico y las rutas alternativas de forma lógica. Esta es la mente racional en acción. Sin embargo, la mente racional, aunque valiosa, tiene limitaciones. Opera bajo los confines de lo que podemos observar o entender claramente en el presente, a menudo ignorando los impulsos más profundos y los patrones subconscientes que afectan nuestras decisiones a un nivel más profundo.

Por otro lado, la mente irracional, también llamada mente subconsciente opera en un plano diferente. Es donde residen nuestras emociones, creencias, hábitos, deseos y miedos más profundos. A diferencia de la mente racional, la mente irracional no sigue las reglas de la lógica; actúa impulsada por experiencias pasadas, emociones y condicionamientos subconscientes.

Su función principal es procesar el 90% de nuestras decisiones y acciones a un nivel automático, influyendo en cómo nos sentimos y actuamos sin que lo notemos conscientemente.

Un ejemplo práctico es cuando alguien teme hablar en público; esa reacción emocional proviene de la mente irracional, que puede estar condicionada por experiencias pasadas de rechazo o vergüenza, aunque racionalmente sepa que no hay un peligro real.

Aquello que haces habitualmente se desarrolla en tu subconsciente a partir de la naturaleza de tus pensamientos intencionales.

"El subconsciente es la sede de las emociones, y la mente creativa es el taller de todo lo que piensas".

Nuestra mente subconsciente, que funciona desde el plano irracional, es una vasta base de datos de todas nuestras experiencias, creencias y emociones. Aunque no siempre somos conscientes de su influencia, el subconsciente tiene un papel dominante en cómo nos comportamos y cómo percibimos el mundo. Aquí es donde lo espiritual y lo subconsciente están intrínsecamente conectados.

En muchos textos espirituales se habla del poder de la fe y la meditación como medios para transformar la mente. Esto sugiere que lo espiritual y lo subconsciente están entrelazados: las creencias espirituales profundas que cultivamos pueden moldear nuestra mente subconsciente y, por ende, nuestras vidas. Si piensas en el bien, el bien te seguirá; y si piensas en el mal, el mal te seguirá. Así de simple funciona tu mente: el lado al que otorgues el derecho de dirigir tus pensamientos será el que gane una y otra vez.

Dado que la mente irracional y subconsciente controla la mayoría de nuestras decisiones automáticas, si queremos cambiar el rumbo de nuestras vidas, debemos trabajar en ese plano profundo.

VENCEDOR Intencional

Cambiar conscientemente nuestras decisiones es un buen primer paso, pero si no reeducamos nuestra mente subconsciente, cualquier cambio será temporal. Para un cambio real y duradero, es crucial modificar las creencias y patrones que están arraigados a un nivel más profundo.

Es momento de que decidas, de manera intencional, tomar decisiones maduras que beneficien tu vida y la de quienes te rodean. Tu mente inconsciente o subconsciente no puede diferenciar el nivel de energía que pones en tus pensamientos, pero tampoco sabe diferenciar si esa energía es buena o mala, positiva o negativa. Tu mente subconsciente no es neutral; es tu súbdita y simplemente obedece lo que consciente e intencionalmente le órdenes.

Debes también identificar las creencias subconscientes que están afectando negativamente tu vida. Esto puede incluir creencias sobre el fracaso, el éxito, el dinero, las relaciones o incluso sobre ti mismo. Muchas veces, estas creencias se formaron en la niñez o a través de experiencias traumáticas. Si creciste con la creencia subconsciente de que *"no merezco el éxito"*, aunque conscientemente quieras triunfar, tu subconsciente seguirá saboteando tus intentos de avanzar.

Una vez que identifiques esas creencias limitantes, puedes empezar a reprogramar tu subconsciente mediante afirmaciones positivas, oración y meditación.

"La repetición constante de declaraciones positivas ayuda a reconfigurar el subconsciente".

Lo más importante que debes recordar es que, una vez que introduces una idea en tu mente subconsciente o inconsciente, esta te obedece y comienza a ejecutarla de inmediato. Tu mente es asombrosamente frágil y sutil, pero también puede ser resiliente y fuerte; por eso, es capaz de ejecutar todos tus deseos como si fueran una ley de vida.

Esto significa ser consciente de tus pensamientos, emociones y acciones diarias. La intención dirige la atención, y lo que alimentas con tu atención se fortalece. Si intencionalmente decides cultivar pensamientos positivos y alineados con tus metas espirituales, irás remodelando tu subconsciente. Dedica tiempo cada día a reflexionar sobre las decisiones que estás tomando, asegurándote de que estén alineadas con tus valores y metas.

Este proceso intencional crea un puente entre la mente racional y la irracional, ayudándote a moldear tus pensamientos subconscientes. La mente subconsciente funciona tanto para las ideas buenas como para las malas, y este comportamiento también se aplica de ambas formas, positiva y negativa.

Por eso, cuando tu mente opera de forma negativa, eres tú mismo quien ha desatado la causa del fracaso, la frustración y la inconformidad. Pero cuando logras entender cómo reacciona y opera tu mente desde un parámetro intencional, la paz mental y la salud física se convierten en tus prioridades. Una técnica efectiva es dedicar tiempo cada día a reflexionar sobre las decisiones que estás tomando, asegurándote de que estén alineadas con tus valores y metas. Este proceso intencional crea un puente entre la mente racional y la irracional, ayudándote a moldear tus pensamientos subconscientes.

Evitar rotundamente relacionarte con personas que no practiquen tus mismos ideales o compartan el mismo estilo de vida, será imprescindible para alcanzar un nivel avanzado en el dominio de tus emociones y la fortaleza mental. Pensar de manera intencional hará que automáticamente identifiques los lugares y personas que aportan buena energía. De igual manera, tu espíritu identificará de inmediato a aquellos que la quitan, porque estará conectado a tu subconsciente.

Para algunos, esto puede parecer erróneo o egoísta, pero el sacrificio es necesario, ya que es un caso de vida o muerte emocional y espiritual, y debe practicarse de manera intencional.

Fortalecer tus pensamientos conscientes activará automáticamente un estado de alerta e inteligencia que estará 100% comprometido con la excelencia y protección de tus emociones y pensamientos. Cuando te expongas a cualquier cosa que pueda poner en peligro tu vida desde una perspectiva emocional y espiritual, tu mente subconsciente enviará una alerta de rechazo de manera automática. Te informará si espiritualmente el ambiente en el que estás es adecuado, y también si la persona que te acompaña es beneficiosa o no.

El diseño de la creación permite que el espíritu esté íntimamente conectado a la mente subconsciente, por eso, si tu espíritu acepta o rechaza la compañía, se comunicará con tu mente racional y utilizará todas las herramientas disponibles para tu bienestar.

"Nunca ignores la voz de tu espíritu."

La mente racional y la mente irracional son dos fuerzas complementarias que, cuando se usan intencionalmente, pueden transformar nuestras vidas. Al reconocer el poder de la mente irracional y su conexión con el subconsciente, podemos comenzar a moldear nuestros pensamientos, emociones y acciones de manera más consciente y alineada con nuestras creencias espirituales. Al aplicar el razonamiento desde una perspectiva intencional, y al trabajar en el plano subconsciente a través de afirmaciones, meditación, gratitud y oración, podemos cambiar el rumbo de nuestras vidas de manera significativa.

Es prudente recordar que, antes de obedecer la voz de tu espíritu, debes asegurarte de que tu corazón y tu mente consciente estén limpios en todas las áreas. Nunca podrá salir nada bueno de ti si tu espíritu está manchado con odio, rencor, resentimientos o engaños. Un espíritu que está conectado al Creador siempre estará en paz.

En conclusión, debes limpiar tu corazón de todos los eventos negativos que hayan causado traumas en el pasado, de esta manera podrás escuchar con claridad la voz del espíritu cuando hable a tu mente consciente.

LOS MISTERIOS DEL SUBCONSCIENTE

Cuando logramos desarrollar nuestra sensibilidad espiritual y somos obedientes a la voz interna de nuestro subconsciente, que tiene el mayor interés en que nuestro espíritu esté en conexión con nuestra alma y cuerpo, y guiarnos hacia el éxito personal.

Al dejarnos guiar por la voz del subconsciente, que proviene de la conexión divina que establecemos con Dios, aprenderemos a interpretar la poderosa voz de nuestra intuición, que nos susurra verdades que la mente racional no puede comprender. Así descubrimos cómo nuestros sentidos son solo una pequeña ventana ante un universo completo y lleno de posibilidades. Nuestros sentidos internos nos permitirán percibir el mundo de una manera completamente nueva mediante la conexión con el Espíritu de Dios, que fluye a través de todas las cosas desde el principio de la creación.

> *En el principio, Dios creó los cielos y la tierra. La tierra no tenía forma y estaba vacía; las tinieblas cubrían el abismo y el Espíritu de Dios se movía sobre la superficie de las aguas.*

La conexión con Dios nos permite ser usuarios del espíritu de la creación a través de la fe, lo cual nos da el poder de desarrollar ideas en el mundo físico, haciéndonos sentir y percibir el éxito a kilómetros de distancia, como si lleváramos un radar espiritual que detecta oportunidades ocultas. Esta conexión trae lo que habita en tu mente al mundo físico, haciéndolo visiblemente exitoso. Todo lo que vemos en el mundo físico fue creado primero en la eternidad, que es el mundo donde gobierna de manera absoluta el reino de Dios. A través de la fe, podemos manifestar estas ideas físicamente en la tierra.

*"Venga tu reino hágase tu voluntad,
así en la tierra como en el cielo."*

Esto abre un sinfín de posibilidades. Solo la fe hace posible que la conexión con nuestro subconsciente nos permita descubrir y disfrutar los beneficios del crecimiento espiritual, revelándonos la esencia misma de la vida. Nos permite comprender los misterios de la naturaleza y sintonizar con la sabiduría de Dios. La fe trasciende el conocimiento y es tan cierta y tangible que, cuando se cree sin dudar, moldea la realidad del mundo físico de acuerdo con lo que creemos en el mundo espiritual.

*"Pero pida con fe, no dudando nada; porque el que
duda es semejante a la onda del mar,
que es arrastrada por el viento y echada
de una parte a otra."*

A medida que nuestra fe se fortalece, nuestros pensamientos se volverán más claros, y nuestra conexión espiritual nos permitirá ver la vida con mayor claridad. Por medio de la fe, exploraremos conceptos abstractos y entenderemos cómo la conexión entre la fe y nuestro subconsciente opera en el mundo físico, permitiéndonos ver y sentir más allá de lo que nuestra fisiología nos permite.

La somnolencia es un estado en el que el cuerpo y la mente sienten cansancio mental y emocional, dejándonos parcialmente dormidos.

Es normal tener sueños en fragmentos de corto tiempo, cuya duración suele ser entre 1 y 10 minutos. Sin embargo, es común que sintamos que ha pasado mucho más tiempo.

A menudo, al despertar, olvidamos lo que hemos soñado, pero retenemos la convicción de la magnitud e importancia de lo que hemos experimentado. Esto puede haber sido una idea o un evento que aún no pertenece al tiempo en que estamos. De hecho, aunque nuestro sistema racional o consciente lo registra como un sueño, lo que se experimenta en ese momento es un vistazo o un corto viaje a nuestra mente subconsciente, es decir, al "*Kairós*" de Dios.

La razón por la que no podemos recordarlo es que el subconsciente sabe que nuestra mente consciente aún no está lista para transferir y desarrollar ese evento del mundo invisible al mundo físico. Luego, cuando llega el momento, se genera la sensación de que ya hemos estado en ese lugar o tenido esa conversación antes,

Este corto viaje funciona como un par de ojos que puede traspasar las barreras del mundo ordinario para vislumbrar el mundo invisible. Nos ofrece una proyección interna de éxito, donde podemos tocar con nuestros pensamientos el triunfo antes de comenzar el proyecto. A diferencia de un sueño ordinario, que normalmente es una acumulación de conocimientos, este evento es la voz de nuestro subconsciente en conexión con la divinidad de la creación. Habla de realidades y soluciones donde la lógica solo ve problemas y preguntas. La fe es el motor que impulsa la realidad, transformando lo improbable en posible.

Esta conexión espiritual del subconsciente te permite sentir la realidad del éxito a kilómetros de distancia, como si tuvieras un radar que trasciende los límites de nuestro ser y la visión física. Es un vistazo a través de una pequeña ventana hacia un universo lleno de milagros, que pueden ser alcanzados por medio del conocimiento y la conexión intencional con el subconsciente.

VENCEDOR Intencional

Con esto, lograrás conectarte a esta expansión espiritual, despertar el genio que hay dentro de ti y usar tu mente de forma funcional en el mundo físico. Cada idea tiene el potencial de convertirse en algo tangible. Estamos sumergidos en un mar de sabiduría que nos envuelve, y aunque nuestros sentidos ordinarios no puedan discernir la magnitud de la idea, nuestros sentidos internos tienen el potencial de percibirla y desarrollarla. Esta habilidad revela aspectos del mundo espiritual que van mucho más allá de lo que es físicamente tangible.

De tal manera que, cuando tus sentidos internos logren evolucionar plenamente, entenderás los secretos de cómo la naturaleza habla a través de la creación y lograrás discernir la esencia de otros espíritus, así como la sabiduría de las personas que te rodean. Los misterios de la fe son verdades espirituales que se revelan únicamente mediante la conexión intencional con nuestro subconsciente.

Es como una revelación en la que descubrimos el poder sobre las enfermedades y las ventajas de sanidad que nos provee la naturaleza, ventajas que los animales conocen por medio de una conexión empírica. Un ejemplo de esto es cuando las aves se trasladan de un lugar a otro mediante la comunicación con la naturaleza y por instinto natural antes de que comience una tormenta o un cambio en el clima.

A esto, los humanos lo llamamos intuición o instinto; es la esencia de la comunicación con la creación, la cual se desarrolla mediante la conexión intencional de la mente consciente a través de la fe. La fe es mucho más que un conocimiento adquirido; es una sabiduría etérea que sobrepasa cualquier lógica racional. Aunque en ocasiones puede impulsarnos a realizar actos que parecen desacertados o arriesgados; sin embargo, siempre nos conducirá por senderos que desembocan en resultados sorprendentemente positivos.

 *"Quienes se refugian en la duda y el miedo, corren el riesgo de que sus planes nunca se conviertan en realidad".*

Cuando nos dejamos guiar por una intuición más profunda que los dictámenes de la razón, es entonces cuando el espíritu nos guía y optamos por seguir la voz de nuestra conciencia superior, en lugar de obedecer las reglas dictadas por nuestra percepción sensorial. Esa mente elevada es una parte intrínseca de todos nosotros.

La energía vital del universo ofrece un sinfín de senderos y posibilidades aún por descubrir para cada uno de nosotros. Cuando estés bajo el dominio de la sugestión de otros, que te digan que tus ideas, planes o proyectos no son los suficientemente buenos, recuerda que muchos de los que han edificado grandes imperios comenzaron como jóvenes sin rumbo fijo, obligados a confiar en sí mismos y a forjar su propio camino. Solo al seguir la guía interna del subconsciente lograron convertirse en vencedores intencionales.

En medio de la búsqueda de una respuesta, ya sea para solucionar un problema o encontrar el elemento clave para el éxito de un proyecto, la sabiduría que proviene del subconsciente siempre se manifestará justo cuando estés a punto de darte por vencido. A menudo, este destello de claridad llega cuando la mente consciente se toma un respiro, permitiendo que el sentido espiritual emerja y tome el mando con un conocimiento superior acerca de las condiciones óptimas que requieren del sentido espiritual para operar en el mundo físico. Esto traerá una confianza renovada en la efectividad de nuestra intuición.

El Funcionamiento de la Mente Objetiva y la Mente Subjetiva

Como hemos mencionado, la mente consciente u objetiva se ocupa de los objetos externos, es consciente del mundo visible y sus medios de observación son los cinco sentidos físicos. Esta mente es tu guía y directora en el contacto con tu entorno, adquiriendo conocimiento a través de los cinco sentidos. La mente objetiva aprende a través de la observación, la experiencia y la educación que has recibido desde que eras niño, y su función más importante es el razonamiento o, mejor dicho, el funcionamiento consciente del individuo.

En relación con la mente subconsciente o mente subjetiva, esta es totalmente consciente de su entorno, pero no a través de los sentidos físicos. La mente subjetiva percibe por intuición y es la sede de las emociones donde se almacenan las memorias. Esta realiza sus funciones más elevadas cuando los sentidos objetivos no están en funcionamiento, es decir, cuando la mente objetiva está suspendida (*cuando dormimos*).

La mente subjetiva opera sin utilizar los órganos naturales de la visión, y tiene la capacidad de clarividencia. Puede oír o percibir acontecimientos que ocurren en otros lugares, también puede desarrollar ideas, resolver problemas e incluso descifrar proyectos complejos cuando tu mente subjetiva está en un estado de descanso. Cuando esto ocurre, descubrirás que tuviste un sueño maravilloso, en ocasiones con algo que anhelas, que envuelve triunfos, felicidad o éxito en diferentes plataformas.

Lo segundo es que pocas veces logras recordar o retener con exactitud lo que soñaste. Esto se debe a que tu mentalidad irracional entiende que tu mente racional aún no está lista para manejar esta información en el mundo físico.

Veámoslo de manera espiritual.

- **Cronos:**

    Hace referencia al tiempo humano que podemos medir y en el cual basamos nuestras referencias temporales.

- **Kairós:**

    Se refiere al tiempo perfecto de Dios, esos momentos especiales en los que Él realiza cosas preciosas en tu vida según Su perfecta voluntad.

    Cuando esto sucede, cruzamos la corta y estrecha pared que separa La eternidad del Tiempo, y experimentamos lo que científicamente se conoce como déjàvu.

Para comprender mejor estos dos extremos, podemos describirlo como una interacción entre la conciencia y la razón. El subconsciente, o la conciencia profunda, no tiene la capacidad de razonar de la misma manera que la mente consciente, la cual opera a través de la lógica y la reflexión. El subconsciente actúa sin discernir ni cuestionar lo que percibe, mientras que la mente consciente es capaz de evaluar, debatir y deliberar.

Por ejemplo, si estás en medio de una discusión, tu mente consciente puede escuchar lo que la otra persona dice sin necesidad inmediata de defenderse de los insultos. Sin embargo, llega un punto en el que una palabra o una reacción específica activa tu mente consciente, que interpreta esa palabra como una agresión o una ofensa a tu razonamiento. En ese momento, tu mente consciente envía una señal de alerta al subconsciente, que reacciona en consecuencia. La respuesta no surge por los insultos en general, sino por la violación de una lógica o creencia que tu mente consciente ha identificado como inaceptable.

En esencia, el subconsciente reacciona bajo la dirección de la mente consciente. No es el insulto en sí lo que provoca la reacción, sino la interpretación racional que tu mente hace de ese insulto.

Así, el verdadero desencadenante es el significado que tu mente consciente le atribuye a las palabras o situaciones, y no el insulto directo. Este proceso muestra cómo la mente consciente y el subconsciente se influyen mutuamente, pero cada uno opera de manera diferente: uno razona, mientras que el otro actúa por impulso. Si tus pensamientos habituales son armoniosos, pacíficos y constructivos, tu mente subconsciente responderá creando armonía, paz y condiciones positivas en tu vida.

La Sugestión y la Autosugestión… Su Influencia en la Mente Racional e Irracional

La sugestión y la autosugestión son herramientas poderosas que influyen profundamente en la mente humana, afectando tanto la mente racional como la irracional. Estas herramientas, cuando se utilizan con intencionalidad, pueden promover el crecimiento personal y el cambio positivo. Sin embargo, en ciertos contextos, como en las iglesias modernas, la sugestión puede convertirse en un arma de manipulación y control emocional, afectando negativamente a las personas.

La Sugestión como Influencia Externa sobre la Mente

La sugestión es el proceso mediante el cual una idea, creencia o comportamiento es implantado en la mente de una persona por una fuente externa. Puede suceder a través de palabras, gestos, imágenes o incluso el entorno. En el contexto de la sugestión, la mente racional e irracional trabajan de manera conjunta, pero es la mente irracional, o subconsciente, la que se ve más afectada debido a su capacidad de absorber ideas sin cuestionarlas de manera lógica.

La mente racional tiene la capacidad de evaluar críticamente las sugerencias que recibe. Filtra la información entrante y, dependiendo de su coherencia lógica y sus experiencias previas, decide si la aceptará o no. Sin embargo, cuando la sugestión se presenta de manera convincente o repetitiva, puede superar las barreras racionales y penetrar el subconsciente.

Un buen ejemplo de sugestión positiva es una charla motivacional. Un orador puede utilizar frases y ejemplos que sugieren que el oyente es capaz de superar sus desafíos, incluso si la mente racional del oyente duda al principio. Con el tiempo y la repetición, esa idea puede arraigarse en la mente irracional, alterando la percepción de sí mismo.

La Sugestión y la Mente Irracional

La mente irracional es altamente receptiva a la sugestión. A diferencia de la mente racional, no evalúa críticamente la información recibida. En su lugar, asimila las ideas y creencias de manera automática, y estas comienzan a influir en las emociones, pensamientos y comportamientos de una persona. Las ideas repetidas o presentadas con una carga emocional fuerte, pueden ser absorbidas por la mente irracional.

Alguien a quien repetidamente le han sugerido que no tiene valor, eventualmente empezará a creerlo a un nivel irracional, lo que influirá en su autoestima y en cómo interactúa con el mundo.

La Sugestión Negativa

La sugestión negativa puede causar daños irreparables desde la primera fase de la gestación humana. Todo ser humano, en algún momento, ha aceptado algunas de estas sugestiones negativas, que terminan afectando su desarrollo social y emocional de manera irreversible. Ejemplos de estos efectos incluyen la inseguridad, la baja autoestima, los sentimientos de culpa y el aislamiento voluntario.

En el momento en que aceptas estas sugestiones, contribuyes a que se cumplan en tu vida. Al no saber contrarrestarlas, las aceptas inconscientemente como parte de ti, lo que crea lugares oscuros en tu subconsciente donde se guardan las malas experiencias de vida. Más tarde, estas se manifiestan como traumas, causando inestabilidad en el matrimonio, la paternidad y el manejo financiero.

Muchas personas han crecido escuchando este tipo de sugestiones negativas:

- *"No vales nada."*
- *"No tienes ninguna oportunidad."*
- *"Estás equivocado."*
- *"Es inútil."*
- *"No es lo que sabes, sino a quién conoces."*
- *"A nadie le importa."*
- *"No tiene sentido esforzarse tanto."*
- *"Eres demasiado viejo*

Autosugestión y la Mente Racional

La autosugestión, por otro lado, es el proceso por el cual una persona implanta ideas y creencias en su propio subconsciente a través de la repetición consciente de pensamientos o afirmaciones. La autosugestión es una herramienta poderosa para reprogramar la mente irracional y, por ende, para transformar la percepción de la realidad.

En la autosugestión, la mente racional juega un papel fundamental, ya que es la que conscientemente elige las afirmaciones que serán repetidas y las acciones que se tomarán para cambiar el pensamiento subconsciente. Al repetir frases positivas o visualizaciones específicas, se fuerza a la mente irracional a aceptar nuevas creencias y patrones de comportamiento.

Si una persona repite constantemente la afirmación: "*soy capaz y fuerte*", con el tiempo, su mente irracional comenzará a aceptar esa creencia, y su autopercepción cambiará.

Autosugestión y la Mente Irracional

La mente irracional es como un jardín en el que las semillas (*pensamientos*) que se plantan y se riegan regularmente se convertirán en creencias y hábitos. La repetición de afirmaciones positivas, visualizaciones o mantras impacta directamente en la mente irracional, reconfigurando patrones emocionales profundos. Alguien que utiliza la autosugestión para superar el miedo al fracaso puede empezar a visualizar su éxito diariamente, y con el tiempo, esa creencia se convertirá en una nueva realidad para el subconsciente, lo que influirá en su comportamiento y decisiones.

El Uso de la Sugestión, un Caso de Manipulación Emocional en las Iglesias

La sugestión a menudo se utiliza no solo para guiar espiritualmente, sino también para ejercer control sobre los miembros de la congregación. Lo que debería ser un ambiente de apoyo espiritual, puede volverse un espacio de manipulación emocional cuando la sugestión se utiliza para imponer miedo, culpa o dependencia. Los líderes de ciertas iglesias pueden emplear la sugestión mediante el uso repetido de frases que generan emociones intensas, tales como el miedo al castigo eterno, la culpa por el pecado o la necesidad de total sumisión al liderazgo eclesiástico.

Este tipo de sugestión explota la vulnerabilidad emocional y la receptividad subconsciente de los creyentes.

 *Ejemplo: "Si no obedeces al pastor, estás desobedeciendo a Dios".*

Este tipo de declaración, repetida en diferentes formas, puede generar miedo y una dependencia emocional hacia la figura del líder religioso, desplazando la capacidad crítica de la mente racional.

Antes de que me crucifiquen, quiero que entiendan que no estoy promoviendo desobediencia a nuestros guías y pastores.

Conozco a muchos hombres y mujeres que son dignos de admiración por su trabajo ministerial, tanto a tiempo como fuera de tiempo. A lo que me refiero es al abuso emocional y al comportamiento de superioridad que muchos en esta posición aplican, exigiendo una gran cantidad de requisitos cuando son invitados a un lugar o solicitados en un entorno que consideran inferior.

He estado expuesto a bufones que se hacen llamar ministros, quienes, antes de llegar a un lugar, envían una lista de requisitos y exigencias. Parecen olvidar que Aquel que trajo lo que hoy conocemos como el evangelio, lavó los pies a sus discípulos.

La Sugestión y el Sentido de Pertenencia

Otro abuso común de la sugestión en las iglesias es el uso del miedo al ostracismo social o la separación espiritual. Los miembros pueden ser sugestionados para creer que su salvación o el favor divino dependen de su lealtad total a un ministerio o a una iglesia (*estructura física*) en particular, lo que genera un círculo de dependencia psicológica.

 *"Si te alejas de esta iglesia, Dios se alejará de ti".*

Este tipo de sugestión infunde miedo en la mente irracional, haciendo que el individuo dude de su conexión espiritual si no se adhiere estrictamente a las reglas del grupo específico.

La Autosugestión Negativa

En muchos casos, los miembros de la iglesia comienzan a utilizar la autosugestión de manera negativa como resultado de las sugestiones externas recibidas. Frases como: "soy un pecador indigno" o "nunca seré lo suficientemente bueno para agradar a Dios", se convierten en mantras que las personas repiten internamente, reforzando creencias dañinas sobre sí mismas.

Una persona que ha sido repetidamente sugestionada con la idea de que es inherentemente pecadora y que solo la sumisión completa a la iglesia puede salvarla, comenzará a utilizar autosugestión negativa. Esto genera una baja autoestima y un constante sentimiento de culpa.

Cuando la sugestión y la autosugestión se usan de manera intencional y positiva, pueden tener efectos profundos y transformadores. Sin embargo, cuando se usan de manera manipulativa, pueden provocar abuso emocional, especialmente en entornos de poder como las iglesias.

Las Consecuencias Psicológicas del Abuso de la Sugestión

El abuso emocional a través de la sugestión puede tener serias consecuencias en la salud emocional y mental de las personas. Aquellos que han sido manipulados a través de la sugestión pueden experimentar:

- **Baja autoestima:**

    Al internalizar mensajes negativos, el individuo comienza a verse a sí mismo de manera distorsionada y poco valorada.

- **Dependencia emocional:**

    La sugestión puede generar una dependencia emocional hacia líderes o instituciones, donde el individuo siente que no puede tomar decisiones por sí mismo sin aprobación externa.

- **Ansiedad y miedo:**

    Las sugestiones que infunden miedo al castigo o la desaprobación divina pueden causar ansiedad constante, interfiriendo con la capacidad de experimentar paz y bienestar espiritual.

La clave para revertir el abuso emocional que surge de la sugestión es reeducar tanto la mente racional como la irracional. Es importan te que los individuos reconozcan las creencias y sugerencias negativas que han sido implantadas en sus mentes y comiencen a reemplazarlas por creencias que promuevan el amor propio, la libertad y la verdadera conexión espiritual.

A través de afirmaciones positivas, la oración sincera y la búsqueda de fuentes de sabiduría espiritual auténtica, una persona puede cambiar las creencias negativas que fueron implantadas en su subconsciente.

El Poder de la Intencionalidad Sobre la Sugestión

La sugestión y la autosugestión son herramientas de gran poder, capaces de transformar la mente humana a nivel profundo. Cuando se usan de manera intencional, pueden servir para fortalecer la autoestima, cambiar creencias limitantes y promover una conexión espiritual auténtica. Sin embargo, cuando se utilizan para manipular, especialmente en entornos de poder como las iglesias, pueden tener efectos devastadores.

Es crucial que las personas aprendan a discernir entre la sugestión positiva y el abuso emocional, y que utilicen la autosugestión como una herramienta para promover pensamientos, creencias y comportamientos que los conduzcan hacia una vida de plenitud, libertad y paz espiritual.

Es muy importante identificar las sugerencias negativas en relaciones sentimentales o en contextos donde hay líderes religiosos y personas que ejercen control sobre individuos vulnerables. Esto puede ser crucial para mantener el bienestar emocional y psicológico.

Señales de Sugestiones Negativas:

1. **Críticas constantes:** Si una persona te critica frecuentemente y de manera destructiva, puede estar tratando de socavar tu autoestima y autoconfianza.
2. **Aislamiento:** La tendencia a alejarte de amigos y familiares puede ser una señal de control. Pregúntate si sientes que tu círculo social se está reduciendo debido a la influencia de alguien.
3. **Culpabilidad:** Si te sientes culpable por no satisfacer las expectativas de alguien, esto puede ser una forma de manipulación sutil.
4. **Inseguridad:** Sentir que siempre necesitas la aprobación de la otra persona y que tus decisiones dependen de su juicio.

5. **Desvalorización de tus opiniones:** Si tus pensamientos y sentimientos son desestimados o ignorados, esto puede ser una señal de control.

6. **Uso de la religión o creencias:** Algunas personas pueden utilizar la religión para justificar comportamientos controladores, lo que puede incluir la manipulación emocional o la culpa.

Estrategias para Afrontar las Sugestiones Negativas

1. **Autoevaluación:** Reflexiona sobre tus sentimientos y emociones. Pregúntate si te sientes más ansioso, inseguro o triste en la presencia de esa persona.

2. **Busca apoyo:** Habla con amigos, familiares o un terapeuta sobre tus experiencias. A menudo, otras personas pueden ofrecerte una perspectiva objetiva.

3. **Establece límites:** Aprende a decir "*no*" y a establecer límites claros en tus relaciones. Esto puede ayudarte a protegerte de la manipulación.

4. **Educación emocional:** Infórmate sobre dinámicas de control y manipulación. Comprender estas tácticas puede ayudarte a reconocerlas más fácilmente.

5. **Mantén tu autonomía:** Fomenta tus propios intereses, pasiones y amistades. Mantener una vida independiente puede ayudarte a resistir la influencia negativa.

6. **Desconfía de las falsas promesas de "*salvación*":** Ten cuidado con las personas que prometen una solución mágica a tus problemas a cambio de tu devoción o lealtad.

Identificar y enfrentar las sugestiones negativas requiere una combinación de autoconocimiento, apoyo externo y establecimiento de límites. Es fundamental priorizar tu bienestar emocional y mental, y buscar ayuda profesional si sientes que la situación es abrumadora.

¿Cómo Convertir la Sugestión en Autosugestión?

1. Sugestión de Asociación:

Esta forma de sugestión ocurre cuando las influencias y asociaciones que permites en tu mente consciente provienen del entorno que te rodea. Un ejemplo típico se encuentra en lugares como las escuelas secundarias, donde, para encajar en un grupo o ser aceptado, el individuo sacrifica su verdadera personalidad. Estas asociaciones ejercen una gran influencia y crean incomodidad personal debido a la presión externa. En otras palabras, te adaptas para parecerte a los demás o cambias quién eres para pertenecer a un entorno que no es el adecuado para ti.

2. Sugestión de Repetición:

La repetición es una de las fases más importantes de la autosugestión. Si no tomas una decisión intencional para ser diferente, los ciclos negativos y de miseria continuarán repitiéndose en tu vida. Es a través de la repetición de pensamientos y afirmaciones positivas que puedes romper esos patrones destructivos y reprogramar tu subconsciente hacia el éxito.

3. Sugestión de Imitación:

La imitación también juega un papel crucial en la autosugestión. Consiste en desear lo que ves en los demás o aspirar a algo que consideras inalcanzable. Esta forma de sugestión está frecuentemente vinculada con el ocio y la insatisfacción, y puede degenerar en envidia si no se maneja adecuadamente. Sin embargo, cuando se utiliza de manera positiva, la imitación te inspira a mejorar y a adoptar cualidades que admiras en otros, fortaleciendo tu autosugestión para alcanzar metas similares.

A diferencia de la sugestión externa, la autosugestión positiva puede liberarte de inseguridades emocionales, maltratos verbales y pensamientos negativos. Al mismo tiempo, ayuda a desarrollar buenos hábitos y eliminar patrones de vida no deseados que se alojan en el subconsciente. Cuando la autosugestión se emplea de manera positiva, se convierte en una herramienta poderosa que promueve relaciones interpersonales sanas, la toma de mejores decisiones y un estilo de vida más equilibrado.

En resumen, tanto la sugestión como la autosugestión operan bajo principios similares, con la diferencia de que, en la autosugestión, es el individuo quien toma el control de su mente, en lugar de ser influenciado por factores externos. Desarrollar la habilidad de rechazar a personas y entornos que promuevan energías negativas o comentarios destructivos es clave para proteger tu subconsciente.

¿Cómo Aprender a Usar la Autosugestión?

El primer paso es comprometerte a analizar regularmente las sugestiones que recibes de quienes te rodean, sin importar su posición o influencia. No tienes por qué aceptar sugestiones destructivas. Exponerte a personas que contribuyeron a la inestabilidad emocional en tu vida no es saludable, ya que estos recuerdos pueden causar traumas emocionales. Examina las cosas que te dicen y descubre el significado subyacente.

Con frecuencia, descubrirás que muchas de estas sugestiones son propagandas negativas cuyo objetivo es controlarte a través del miedo. Al emplear la autosugestión de manera consciente, te darás cuenta de que estas influencias buscan moldear tu forma de pensar, sentir y actuar para beneficiar a otros, aunque te perjudiquen a ti.

La autosugestión negativa es una manifestación de traumas no re sueltos del pasado y suele ser utilizada por personas que intentan aliviar su propio dolor abusando de su poder sobre los demás. Una mente y un corazón heridos solo causarán más daño y sufrimiento a quienes los rodean.

Esto es visible en diversos ámbitos, como el laboral, donde muchas personas sufren abusos verbales y psicológicos por parte de superiores que nunca han sanado sus heridas emocionales y cuyo poder los ha segado. Por lo tanto, la autosugestión es una herramienta valiosa para la formación del carácter, el desarrollo personal y el progreso individual. También es la base para el mejoramiento mental y emocional.

Sugestión, Reputación y Carácter

La psicología aplicada a los negocios ha revolucionado muchas áreas de la vida comercial. La principal diferencia entre un negocio basa do en argumentos y uno basado en sugestión es que el primero apela a la lógica y la evidencia, mientras que el segundo apela a los sentimientos, emociones y otras facultades subconscientes.

El arte de la sugestión en los negocios crea una necesidad o de manda de un producto o servicio. Esta demanda se convierte en autosugestión mediante la oferta del producto o servicio. En resumen, la demanda es la sugestión y la oferta es la autosugestión. La autosugestión del consumidor es influenciada para que perciba que ese producto o servicio es exactamente lo que necesita, aunque antes de la sugerencia, ni siquiera sabía que lo deseaba.

Reputación y Carácter: Una Reflexión Profunda Sobre la Influencia de la Sugestión

La sugestión tiene un impacto profundo en la formación del carácter y la reputación de una persona, tanto en los primeros años de vida como en la madurez. Sin embargo, el poder de la voluntad humana nos permite atraer las sugestiones beneficiosas y rechazar las perjudiciales, lo que se logra mediante el control consciente de nuestros pensamientos y reacciones. Este proceso es fundamental para forjar una identidad sólida y auténtica.

El carácter es el conjunto de cualidades, atributos y rasgos mentales que definen a una persona. Está compuesto por los valores, actitudes y comportamientos que cada individuo ha desarrollado a lo largo de su vida. El carácter es, en gran medida, un producto de la herencia genética, pero también es moldeado por las experiencias y el entorno en el que nos desenvolvemos.

En cambio, la reputación es la opinión que los demás tienen de nosotros, basada en sus percepciones y juicios. A diferencia del carácter, la reputación está sujeta a la interpretación externa y, por lo tanto, puede no reflejar la verdadera esencia de una persona.

Ambos conceptos están significativamente influenciados por la sugestión. En muchos casos, somos el resultado de las sugestiones que hemos aceptado a lo largo de nuestras vidas. La capacidad de discernir entre las sugestiones positivas y negativas es clave para el desarrollo de un carácter fuerte y auténtico. Cuando una persona acepta sugestiones negativas, estas se integran en su forma de pensar y actuar, debilitando su carácter. Por otro lado, al rechazar sugestiones destructivas de manera constante, se fortalece la capacidad de resistencia ante futuras influencias similares.

Las sugestiones que aceptamos juegan un papel crucial en la naturaleza y el desarrollo del carácter. Para contrarrestar las sugestiones negativas, es necesario reemplazarlas por sugestiones de naturaleza opuesta, que sean lo suficientemente poderosas como para neutralizar el impacto de las primeras. Este proceso no ocurre de la noche a la mañana, pero con perseverancia y conciencia es posible transformar la forma en que las sugestiones moldean nuestra vida.

El Impacto de la Sugestión en los Sueños y Proyectos

Imagina que tienes una gran idea o proyecto en el que crees firmemente. El simple hecho de visualizar el éxito de esa idea genera una mayor cantidad de dopamina en tu cerebro, una de las moléculas relacionadas con la felicidad. Este estado de euforia te motiva a compartir tus ideas con los demás, buscando validación o apoyo.

Sin embargo, cuando compartes tu proyecto con alguien que no comparte tu entusiasmo o que tiene una visión diferente, puede suceder que esta persona utilice la sugestión de manera negativa. Al expresar dudas o críticas sin fundamentos constructivos, puede desviar tu mente del camino de la creación y hacerte sentir que tu idea no es viable. Este tipo de sugestión negativa actúa como un freno para tu entusiasmo, sembrando inseguridad y dudas.

La sugestión negativa no solo puede afectar tu autoconfianza, sino que también puede socavar tu felicidad y tu pasión por el proyecto. En algunos casos, la persona que introduce la sugestión negativa lo hace con el propósito de imponer sus propias ideas o proyectos, utilizando tu capacidad creativa en beneficio propio. De este modo, puede destruir tus sueños, haciéndote creer que sus metas son más alcanzables y valiosas que las tuyas. Este es un claro ejemplo de cómo la autosugestión negativa, motivada por el egoísmo y la falta de visión, puede destruir el potencial de una mente creativa.

La Autosugestión Positiva como Herramienta de Defensa

Para protegerse de la sugestión negativa, es esencial fortalecer la autosugestión positiva. Esto implica desarrollar una mentalidad crítica y consciente que te permita filtrar las opiniones y comentarios de los demás, aceptando solo aquellas que sean constructivas y que estén alineadas con tus principios y valores. La autosugestión positiva no solo te ayuda a mantenerte firme en tus convicciones, sino que también te impulsa a seguir adelante a pesar de las adversidades.

Una persona con una autosugestión positiva bien desarrollada es capaz de rechazar las influencias negativas, mantenerse enfocada en sus objetivos y proteger sus sueños de aquellos que buscan socavarlos. Esta mentalidad no solo refuerza el carácter, sino que también mejora la calidad de las relaciones interpersonales, ya que permite establecer límites claros y saludables con aquellos que intentan manipular o controlar a través de la sugestión.

En resumen, el carácter y la reputación están profundamente influenciados por la sugestión, pero mediante la autosugestión positiva podemos controlar nuestras vidas y decisiones. La clave para construir un carácter sólido y una reputación auténtica radica en ser conscientes de las sugestiones que aceptamos, aprender a rechazarlas cuando son perjudiciales; y reforzar aquellas que nos impulsan hacia el crecimiento personal.

El Poder Mental de la Sugestión Negativa

En una ocasión, se realizó un estudio para determinar la imaginación de cuánta sangre puede perder una persona antes de morir por una hemorragia.

El experimento tuvo lugar en una prisión, y los participantes serían únicamente aquellos sentenciados a cadena perpetua. A los que aceptaran ser voluntarios y sobrevivieran, se les reduciría la condena a diez años.

Se seleccionaron dos convictos con actitudes opuestas. Uno de ellos, conocido como el "gusano de la biblioteca", quien era un hombre que nunca dejó de aprender y estudiaba constantemente. Tenía una mentalidad positiva sobre la vida y solía aconsejar a quienes esperaban salir de la cárcel algún día. Por otro lado, su compañero, mucho más joven y en mejor condición física, tenía pocas ambiciones y una visión pesimista del futuro. No obstante, ambos aceptaron participar en el experimento.

Los administradores de la prisión se reunieron con los abogados para asegurarse de que el acuerdo fuera legal, y los jueces firmaron los documentos correspondientes. Sin embargo, había una cláusula confidencial que especificaba que a cada uno de los prisioneros solo se les haría un pequeño rasguño en la pierna izquierda, sin poner en riesgo su vida o su salud.

La noche antes del experimento, se organizó un banquete para los prisioneros, con el fin de preparar tanto sus cuerpos como sus mentes. El "gusano de la biblioteca" pensó: "Este es el inicio de un nuevo capítulo en mi vida que empieza esta noche".

En cambio, su compañero mencionó que la cena le recordaba a la Última Cena de Jesús antes de su crucifixión, y en su mente ya comenzaba a vincular el banquete con la muerte.

Después de la cena, fueron llevados a celdas separadas y se siguió con el plan establecido. A cada uno se le hizo un pequeño corte en la pierna izquierda, tal como estaba previsto. Luego apagaron las luces y los dejaron a solas con sus pensamientos. El primer prisionero pasó la noche soñando despierto, planeando cómo cambiar su vida y aprovechar la nueva oportunidad que se le presentaba. Por el contrario, su compañero, dominado por el miedo y la sugestión, pasó la noche convencido de que estaba desangrándose. Sentía que la sangre corría por su pierna y creía escuchar las gotas golpeando el suelo.

A la mañana siguiente, el "gusano de la biblioteca" se levantó lleno de energía y optimismo. Cuando le retiraron las vendas, vio que solo tenía un pequeño rasguño en la pierna, tal como se había previsto. Sin embargo, en la celda de enfrente, su compañero estaba tendido sin vida en una cama fría. No lo mató la herida; murió porque su mente, influenciada por la sugestión y el miedo, lo convenció de que estaba condenado a desangrarse hasta la muerte.

VENCEDOR Intencional

La clave para construir un carácter sólido y una reputación auténtica radica en ser conscientes de las sugestiones que aceptamos, aprender a rechazarlas cuando son perjudiciales; y reforzar aquellas que nos impulsan hacia el crecimiento personal.

CAPÍTULO VIII

CÓMO ELEGIR TU CÍRCULO INTERNO DE MANERA INTENCIONAL

«No te apresures en tus procesos, no intentes celebrar antes de comprender el porqué de las cosas».

Una Elección Intencional

Imagina un libro en el que, al leer una página, no puedas volver atrás. ¿Con cuánta atención y dedicación lo leerías? ¿Cuánto esfuerzo pondrías en cada detalle, cada palabra? ¿Cuánto tiempo dedicarías para comprender cada frase y des velar los misterios en cada línea?

¿Prestarías atención a las pausas, a los puntos y comas, y tratarías de desentrañar cada enigma, incluso allí donde no existe? ¿Buscarías los sinónimos y antónimos de cada oración, y te asegurarías de disfrutar cada palabra? ¿Te esforzarías por encontrar la felicidad en cada página, sabiendo que nunca podrías releerla? ¿Nunca apresurarías tu lectura, ni saltarías capítulos para adelantarte, porque temerías perderte las lecciones que cada uno tiene para enseñarte?

Quiero que sepas que ese libro, es tu vida. Te invito a vivirla con intencionalidad, saboreando cada enseñanza que cada día te ofrece. No te apresures en tus procesos, no intentes celebrar antes de comprender el porqué de las cosas. Sobre todo, no permitas que nadie interprete el significado de tu libro, ni trates de explicárselo a otros esperando que te comprendan. Recuerda que cada uno de nosotros tiene un libro único, y cada vida, como cada historia, debe leerse y vivirse a su propio ritmo.

"El simple hecho de encajar no significa que pertenezcas; preocúpate por encajar en el plan que Dios diseñó para tu vida".

El Currículum Interno

El concepto de un *"Currículum interno"* en la selección de las personas es una reflexión sobre la calidad de las relaciones que cultivamos a lo largo de la vida. Al igual que un Currículum profesional destaca nuestras habilidades y logros, nuestro Currículum interno está compuesto por las personas que influyen en nuestra vida de manera positiva o negativa. En él, registramos cada interacción, cada amistad, cada mentoría. Y, al igual que en una empresa, estas relaciones pueden representar ganancias o pérdidas.

Ganancias: Las Relaciones Que Fortalecen

Desde una perspectiva de inteligencia emocional, las relaciones que aportan valor a nuestro Currículum interno son aquellas que nos ayudan a crecer, tanto emocional como espiritualmente. Estas personas actúan como aliados en la búsqueda de una vida intencional. Nos desafían a mejorar, nos brindan apoyo en los momentos de duda y, sobre todo, nos impulsan hacia una versión más plena de nosotros mismos. Estos individuos suelen ser emocionalmente inteligentes, capaces de reconocer nuestras necesidades y fortalezas, y de proporcionarnos las herramientas necesarias para seguir avanzando.

En el contexto de la sabiduría estoica, estas relaciones se valoran no solo por lo que nos brindan en términos de apoyo emocional, sino también por su capacidad para recordarnos la importancia de la resiliencia, la fortaleza interior y la serenidad frente a los desafíos. Como nos enseña el estoicismo, el verdadero éxito no reside en la acumulación de bienes materiales o en la validación externa, sino en el control de nuestras reacciones y emociones. Las relaciones saludables nos ayudan a mantenernos centrados, a discernir lo que realmente importa y a continuar nuestro camino sin ser arrastrados por las trivialidades de la vida.

Pérdidas: Las Relaciones que Nos Limitan

Por otro lado, existen relaciones que representan pérdidas en nuestro Currículum interno. Son aquellas que consumen energía, drenan nuestra vitalidad y nos impiden avanzar. Estas personas pueden ser emocionalmente tóxicas, manipuladoras o simplemente incapaces de ofrecer un apoyo genuino. En lugar de impulsarnos hacia nuestro potencial, nos mantienen atrapados en dinámicas destructivas, impidiéndonos crecer y desarrollarnos.

El estoicismo nos enseña que no debemos aferrarnos a personas o situaciones que no contribuyen a nuestra paz interior. Una vida intencional requiere la capacidad de evaluar objetivamente nuestras relaciones y tomar decisiones difíciles cuando es necesario. A veces, es esencial reconocer que una persona o un grupo de personas, aunque hayan sido importantes en algún momento de nuestra vida, ya no contribuyen a nuestro crecimiento, y debemos dejarlas ir.

El Aislamiento Como Herramienta de Crecimiento

Para mantener un Currículum interno sólido, el aislamiento consciente a veces es necesario. El estoicismo nos invita a encontrar fortaleza en la soledad, a desarrollar una relación profunda con nosotros mismos antes de buscar validación externa. Al aislarnos de las distracciones, aprendemos a escucharnos mejor, a entender nuestras propias necesidades, deseos y objetivos, y a filtrar las influencias externas que nos desvían del camino.

Este aislamiento no debe confundirse con el retiro social permanente o la desconexión emocional; más bien es una estrategia intencional para evitar distracciones y permitir el crecimiento interno. En esos momentos de soledad, reflexionamos sobre nuestro Currículum interno y tomamos decisiones conscientes sobre las personas con las que queremos rodearnos.

Construyendo un Círculo de Relaciones Saludables

Para construir un círculo interno que conduzca al éxito y la plenitud, necesitamos ser intencionales en nuestras elecciones. Esto implica aplicar la inteligencia emocional para discernir quién merece un lugar en nuestra vida y quién no. Es un proceso que requiere honestidad con nosotros mismos y la capacidad de mantener relaciones que nos eleven sin necesidad de validación continua.

Una vida basada en la sabiduría estoica también implica aceptar que el cambio es inevitable. Las relaciones que alguna vez nos ayudaron a crecer pueden dejar de ser útiles. La clave está en saber cuándo seguir adelante sin rencor ni apegos innecesarios.

El Currículum interno de las personas que elegimos mantener en nuestra vida determinará, en gran medida, nuestras ganancias y pérdidas emocionales y espirituales. Una vida plena se logra al rodearnos de quienes nos empujan a ser mejores, a mantenernos centrados y a crecer en nuestra búsqueda de una vida intencional y sabia.

La Sabiduría de Seleccionar Relaciones Estoicamente

Los estoicos creían que la verdadera felicidad y éxito en la vida provienen de cultivar una mente tranquila y un carácter virtuoso. Este ideal se extiende a las relaciones: los estoicos valoraban la compañía de personas que fomentaban el autocontrol, la sabiduría y el crecimiento. Según Epicteto, debemos buscar relaciones con aquellos que nos ayuden a mantenernos en el camino de la virtud y la racionalidad.

Cuando eliges un círculo de personas sabias y saludables, no solo inviertes en tu éxito, sino también en tu bienestar emocional y mental. Estas personas, lejos de ser un obstáculo, se convierten en el soporte necesario para mantenerte firme en tiempos de adversidad. Sus palabras y acciones reflejan sabiduría y calma, inspirándote a actuar de la misma manera. El estoicismo también nos enseña a no depender emocionalmente de los demás, sino a disfrutar de la compañía de aquellos que aportan valor a nuestras vidas. Esto nos permite acercarnos a nuestras relaciones desde un lugar de plenitud, no de carencia.

VENCEDOR Intencional

La Selección Sabia de Tu Círculo Protege Tus Sueños

Uno de los aspectos más cruciales para proteger tus sueños y proyectos es la sabia selección de las personas que te rodean. Esto requiere discernimiento, intencionalidad y sabiduría, elementos esenciales para quienes buscan una vida plena y exitosa. Cada persona que permites entrar en tu círculo íntimo influye, de una forma u otra, en tu progreso o en tu retroceso. El éxito, como muchas veces se ha dicho, no es únicamente el fruto del esfuerzo individual, sino también del entorno que escoges para acompañarte en el camino.

En este sentido, la inteligencia emocional juega un papel fundamental para determinar con quién asociarte y a quién mantener a distancia.

No se trata solo de seleccionar a quienes te halagan o apoyan momentáneamente, sino de establecer conexiones profundas con personas que contribuyan al crecimiento mutuo. Siguiendo principios estoicos, es necesario observar con claridad y sin emoción las verdaderas intenciones de quienes te rodean y aceptar que no todas las personas están destinadas a caminar contigo a largo plazo.

Las Tres Categorías de Personas en Tu Vida

Existen tres tipos de personas a las que siempre estarás expuesto, y cada una juega un papel distinto en tu vida. Reconocerlas te permitirá desarrollar un Currículum interno saludable y efectivo.

1. Los Confidentes:

Estas son las personas más valiosas en tu vida. Un confidente está contigo no solo en los buenos momentos, sino también en los momentos de mayor dificultad. Aunque no estén siempre presentes físicamente, puedes contar con ellos cuando más lo necesites. No te juzgan, pero te corrigen con firmeza cuando es necesario. Lo hacen desde un lugar de amor y lealtad, sin intención de hacerte daño. Estas personas actúan como anclas, manteniéndote centrado y protegido. Son incondicionales, y su apoyo no se basa en lo que puedan obtener de ti, sino en lo que ambos pueden aprender y compartir. Tener incluso uno o dos confidentes en la vida es un privilegio.

2. Los Aliados:

Los aliados son aquellos que te acompañan mientras sus intereses se alinean con los tuyos. No están comprometidos contigo a largo plazo, pero pueden ser útiles durante ciertos proyectos o etapas de tu vida. Son como pasajeros temporales en tu viaje. Aunque te apoyen mientras avanzas, en cuanto vean una oportunidad mejor, estarán dispuestos a cambiar de dirección. No por ello debes subestimarlos, pues su compañía puede ser beneficiosa en momentos clave. Sin embargo, es importante no confundir a los aliados con los confidentes, ya que los aliados siempre estarán condicionados por sus propios intereses y no por su lealtad.

3. Los Fanáticos:

Los fanáticos son quienes están a tu lado solo cuando estás en la cima. No están interesados en tus luchas, sino en los frutos de tu éxito. Este tipo de personas tienden a desaparecer cuando las cosas se tornan difíciles o cuando ya no les resulta conveniente estar a tu lado. Su apoyo es superficial y temporal. El peligro radica en que la inexperiencia puede llevarte a buscar validación en estas personas, creando un vacío emocional cuando, inevitablemente, se alejen.

Los fanáticos no contribuyen a tu crecimiento, y su presencia suele ser una distracción que te aleja de tu verdadero propósito.

El Costo de Seleccionar Incorrectamente

Elegir mal a las personas que te rodean puede llevarte a la auto destrucción. El autosabotaje es común cuando se permite que las influencias negativas dominen tu entorno. Rodearse de personas tóxicas o carentes de intencionalidad provoca que tus propios pensamientos se debiliten y, a largo plazo, puede destruir incluso el proyecto más sólido.

El verdadero éxito, en términos estoicos, no se mide por los logros externos, sino por la paz interior y la capacidad de mantener el con trol sobre tus emociones y reacciones. Seleccionar sabiamente a quienes te rodean es esencial para mantener esta paz y asegurar que cada interacción te impulse hacia adelante, en lugar de arrastrarte hacia abajo.

Construir un Currículum interno sólido, rodearte de confidentes y aliados estratégicos, y mantenerte alejado de los fanáticos y las distracciones es fundamental para una vida intencional y exitosa. La inteligencia emocional y la sabiduría estoica te permitirán discernir con claridad quién merece estar en tu círculo y quién no. El aislamiento consciente, lejos de ser un acto de soledad, es una herramienta para fortalecer tu carácter y centrarte en lo que realmente importa.

Aislamiento, Dependencia y Soledad…

Las Claves para una Vida Intencional Exitosa

Uno de los grandes desafíos en el camino hacia el éxito personal y profesional es aprender a identificar y gestionar las dinámicas de dependencia, aislamiento y soledad. Cada una de estas experiencias puede influir en nuestra vida de manera distinta, y es esencial entender su naturaleza para tomar decisiones que nos lleven hacia una vida intencional, productiva y alineada con nuestros objetivos más profundos.

MIGUEL CALZADO

La Dependencia: Un Obstáculo para la Autonomía

El síndrome crónico de la dependencia es una trampa mental que atrapa a muchas personas. Aquellos que padecen dependencia emocional o social sienten que solo pueden ser productivos en compañía de otros. La soledad se convierte en un enemigo, y la productividad parece imposible si no están rodeados de personas. Este comportamiento inhibe el desarrollo de una mente autónoma y afecta la capacidad de autosugestionar los pensamientos cuando surgen dificultades.

La dependencia emocional crea un vacío que busca llenarse con la constante aprobación de los demás. Cuando no se enfrenta a tiempo, esta dependencia dificulta el crecimiento personal y profesional, ya que fomenta una mentalidad reactiva en lugar de proactiva. En lugar de buscar soluciones dentro de uno mismo, se busca validación en el exterior, lo que impide el desarrollo de una mente independiente y fuerte.

El Aislamiento: Una Herramienta para el Crecimiento Emocional y Espiritual

Una de las claves del crecimiento personal es aprender a distanciarse de las influencias negativas o de las personas que no aportan a tu progreso. El estoicismo nos enseña la importancia del aislamiento consciente, no como una forma de rechazo social, sino como una estrategia para enfocarnos en lo esencial. Alejarse de distracciones innecesarias y centrarse en uno mismo permite un desarrollo más profundo y una reconexión con el verdadero propósito de vida.

El crecimiento requiere soledad en momentos específicos, donde puedas reflexionar, meditar y reconectar con tu subconsciente. El aislamiento, cuando se practica de manera intencional, refuerza la autodisciplina y la claridad de pensamiento, permitiéndote tomar decisiones más sabias sobre quién merece un lugar en tu vida.

A menudo malinterpretado, el aislamiento no es lo mismo que la soledad o el rechazo social. El aislamiento es una elección intencional, una estrategia para fortalecer la mente y reenfocarse en los propios objetivos. Los grandes hombres y mujeres de la historia que han alcanzado el éxito en diversas áreas de la vida han comprendido el poder del aislamiento temporal. Este período de alejamiento del mundo exterior permite una reflexión profunda, la cual es clave para desarrollar una mentalidad resiliente.

El aislamiento fomenta la superación emocional y mental. Al desconectarse de influencias negativas y distracciones, se abren las puertas a un pensamiento claro y creativo. La mente se fortalece, y la capacidad para afrontar los desafíos de la vida real se incrementa significativamente. Durante estos momentos, la oración y la meditación son prácticas esenciales, pues nutren el subconsciente y lo preparan para enfrentar las dificultades con determinación y calma.

Sin embargo, el aislamiento debe ser intencional y no confundirse con el simple escape de las responsabilidades o la evasión de problemas. Al aislarse conscientemente, se crean las condiciones necesarias para desarrollar una mente creativa, enfocada y lista para la acción.

La Soledad: Una temporada Necesaria

A diferencia de la dependencia, la soledad es una experiencia que puede ser enriquecedora cuando se aborda desde una perspectiva de crecimiento. Aceptar la soledad como una parte natural de la vida nos permite conocernos mejor y desarrollar una mayor conexión con nuestro ser interior. La soledad bien gestionada es un espacio donde podemos reflexionar sobre nuestros objetivos, evaluar nuestras decisiones y encontrar claridad en los momentos de incertidumbre.

El miedo a la soledad lleva a muchas personas a rodearse de malas compañías, buscando llenar un vacío que solo puede llenarse desde adentro. Aquí radica el verdadero peligro: la búsqueda constante de compañía superficial y tóxica. En lugar de aprovechar la soledad para el crecimiento, se cae en relaciones destructivas que frenan el desarrollo personal.

Superación del Miedo y la Preocupación

Uno de los mayores obstáculos para el éxito es el miedo, que alimenta la preocupación. Este estado mental genera una distracción constante que bloquea el pensamiento creativo y productivo. La preocupación habitual, potenciada por el miedo, crea un ciclo negativo en el cerebro, generando pensamientos repetitivos y agotadores. Este ciclo puede afectar no solo el estado mental, sino también la salud física, ya que la ansiedad y el estrés prolongado dañan nuestro sistema nervioso.

El aislamiento intencional nos enseña a manejar la preocupación con valentía. No se trata de evitar los problemas o vivir en un mundo de fantasía, sino de enfrentar las dificultades con una mente tranquila y enfocada. Cada vez que surge un pensamiento de miedo o preocupación, debe ser enfrentado con afirmaciones de fe y poder, reafirmando nuestra capacidad para superar los desafíos. Así, logramos construir una mentalidad invencible, capaz de navegar las aguas más turbulentas sin perder el control emocional.

Vivir Intencionalmente

El aislamiento no solo es una herramienta para el crecimiento personal, sino que también nos permite evaluar con claridad las relaciones que mantenemos. Al distanciarnos de ambientes tóxicos y personas que no aportan valor a nuestras vidas, hacemos espacio para relaciones más saludables y enriquecedoras.

VENCEDOR Intencional

Al igual que limpiamos nuestros zapatos cuando algo se pega a ellos, debemos liberarnos de influencias que frenan nuestro avance.

La sabiduría está en elegir el aislamiento cuando sea necesario antes que rodearse de malas compañías. Existen dos tipos de personas en el mundo: aquellos que prefieren estar con cualquiera por temor a la soledad, y aquellos que valoran su propio crecimiento y prefieren el aislamiento antes que comprometer su bienestar emocional. La elección de nuestro círculo social tiene un impacto profundo en nuestro éxito, tanto en los negocios como en la vida personal.

¿Cuánta atención prestarías a cada detalle?

Vivir de manera intencional es vivir cada día con plena consciencia, disfrutando cada lección y cada experiencia, sin apresurarse ni querer acelerar los procesos.

La vida es un viaje de aprendizaje, y no debemos permitir que otros nos impongan su interpretación de nuestra historia.

El aislamiento intencional, lejos de ser una renuncia, es una estrategia poderosa para lanzarse hacia el éxito en todas las áreas de la vida: en los negocios, en el amor, como profesional y como ser humano. A través de la meditación, la reflexión y la elección cuidadosa de nuestras relaciones, podemos construir una vida que refleje nuestra verdadera esencia, libre de distracciones y dependencias.

Recuerda que en esta vida solo experimentas lo que permites. Tú eres el autor de tu propio libro, y cada decisión que tomas, cada persona que eliges tener cerca, influye en el curso de tu historia. Vive intencionalmente, elige el aislamiento cuando sea necesario y rodea tu vida solo de personas que te impulsen hacia tu verdadero potencial.

MIGUEL CALZADO

Tu vida es un libro, y cada día es una página que no puedes volver a leer.

CAPÍTULO IX

PERSUASIÓN, PERCEPCIÓN Y POSESIÓN

«El primer paso para evitar la manipulación es conocerte a ti mismo y tener un control sobre tus emociones»

Claves para una Vida Intencional

A lo largo de mi vida, he aprendido que tres conceptos son fundamentales para el crecimiento personal y profesional: La persuasión, la percepción y la posesión. Sin embargo, no fue un proceso fácil ni rápido. Me costó años de sufrimiento emocional, errores financieros y sacrificios personales entender cómo estas tres herramientas podían convertirse en fuerzas transformadoras en mi vida, y no en armas de manipulación utilizadas por otros.

VENCEDOR Intencional

En este capítulo, me propongo definir estas tres herramientas desde una perspectiva personal y emocionalmente equilibrada, así como compartir cómo, a través de un arduo aprendizaje, logré aplicarlas con éxito. Además, expondré cómo estas herramientas pueden ser utilizadas de manera destructiva por personas a las que les permitimos acceso emocional y sentimental, como parejas, amigos, líderes religiosos o empleadores, y ofreceré tres consejos claves para evitar caer en manipulaciones.

Persuasión: El Poder de Influir con Intención

La persuasión es el arte de influir en las decisiones y acciones de los demás a través de la comunicación, pero va mucho más allá de simplemente convencer. Es un proceso de comprensión profunda de las motivaciones, deseos y emociones de la otra persona, lo que nos permite guiar su pensamiento hacia un objetivo determinado. La persuasión puede ser una herramienta poderosa cuando se usa con intencionalidad y ética, ya que puede inspirar, guiar y motivar a otros a alcanzar su máximo potencial.

Sin embargo, he aprendido que muchas personas utilizan la persuasión para sus propios fines egoístas. Muchas personas son víctimas de manipulaciones y abusos emocionales disfrazados de persuasión, tanto en relaciones amorosas como en el ámbito profesional. Estas personas, con un dominio superior del arte de persuadir, son capaces de explotar los miedos e inseguridades de otros para beneficiarse, dejando la autoestima y las finanzas de sus víctimas destrozadas.

En el trabajo, se suele hacer lo que llamo una promesa constante de "*un futuro mejor*". A través de argumentos manipuladores y una falsa promesa de reconocimiento, la víctima permanece más tiempo del necesario en un ambiente laboral tóxico. Esta situación conduce a un desgaste emocional considerable, al mismo tiempo que hace que descuides tu propio bienestar y tus metas.

El arte de la persuasión también puede ser destructivo en el ámbito sentimental. En una relación, la pareja, a través de una constante persuasión emocional, logra controlar sutilmente. Normalmente, se presenta como alguien con los mejores intereses e intenciones, cuando en realidad solo logra limitar el crecimiento personal, económico y profesional de sus víctimas.

Percepción: La Llave para Interpretar el Mundo

La percepción es cómo interpretamos el mundo a través de nuestros sentidos y experiencias. Cada uno de nosotros vive en un universo subjetivo, donde nuestras percepciones moldean nuestras decisiones y, en última instancia, nuestra vida. He aprendido que lo que percibimos no siempre es la verdad absoluta, sino una interpretación influenciada por nuestras emociones, miedos, expectativas y creencias.

Las percepciones erróneas pueden llevarte a tomar malas decisiones financieras y emocionales. Personalmente, he interpretado señales de alerta como oportunidades y promesas vacías como hechos. La percepción errónea te lleva a invertir en proyectos y relaciones sin futuro, motivado por la creencia de que era lo correcto. Solo al entrenar la mente para ver las cosas con claridad y separar las emociones de los hechos, comenzarás a tomar decisiones más acertadas.

Al mismo tiempo, también he visto cómo otros, especialmente líderes religiosos o jefes, utilizan la percepción en contra de los demás. A través de un lenguaje cuidadosamente estructurado, pueden crear una realidad distorsionada que nos hace creer que necesitamos su guía o liderazgo para tener éxito. Al manipular la percepción, hacen dudar de nuestras capacidades y arrastran al miembro de la organización a una dependencia emocional que les otorga control.

Posesión: El Control Sobre lo que Creemos Poseer

La posesión va más allá de lo material. Implica el sentido de control o dominio sobre algo o alguien, y es una de las herramientas más potentes de manipulación emocional. Muchas veces, creemos que poseemos algo, una relación, una posición laboral, un estatus, cuando, en realidad, somos esclavos de la necesidad de mantenerlo.

La posesión también se usa como táctica de manipulación por quienes buscan control:

- Un líder religioso, por ejemplo, puede convencer a sus seguidores de que "poseen" un propósito divino, pero solo si siguen ciertas reglas o se someten a su autoridad.

- En una relación, una pareja puede hacerte creer que tu valor depende de su amor o aprobación.

- En el trabajo, un empleador puede sugerir que tu éxito profesional depende exclusivamente de tu permanencia en la empresa.

Evitar la Manipulación y Vivir con Intencionalidad

Para evitar caer en las trampas de la persuasión manipulativa, la distorsión de la percepción y el control de la posesión, es necesario desarrollar un enfoque intencional y emocionalmente equilibrado. Aquí ofrezco tres consejos prácticos que me han ayudado a evitar ser persuadido o manipulado, y que me han permitido aplicar estas herramientas de manera efectiva en mi vida:

1. **Desarrolla Autoconocimiento y Autocontrol Emocional:**

El primer paso para evitar la manipulación es conocerte a ti mismo y tener un control sobre tus emociones. Si no comprendes tus propias motivaciones, miedos e inseguridades, serás vulnerable a quienes quieran aprovecharse de ellos. Aprende a observar tus emociones y a no tomar decisiones impulsivas basadas en el miedo o la inseguridad.

2. Cuestiona las Intenciones de los Demás:

No todo aquel que busca influirte lo hace con buenas intenciones. Aprende a cuestionar las motivaciones detrás de los consejos, promesas y persuasiones que recibes. ¿Está dicha persona buscando tu bienestar o el suyo propio? Si no hay una reciprocidad genuina o transparencia en sus intenciones, es probable que estés siendo manipulado.

3. Crea Límites Claros y Sé Fiel a tus Valores:

Las personas manipuladoras a menudo cruzan límites sin que lo notes. Establecer límites claros permitirá protegerte emocional y psicológicamente de aquellos que buscan controlarte. Mantén tus valores y metas personales como guías; y no permitas que otros dicten el rumbo de tu vida.

El arte de la persuasión, percepción y posesión puede ser una herramienta invaluable para aquellos que buscan una vida intencional y emocionalmente equilibrada. Sin embargo, también puede convertirse en un arma destructiva cuando se utiliza con fines manipulativos. A través del autoconocimiento, el cuestionamiento de las intenciones ajenas y el establecimiento de límites, podemos evitar ser víctimas de la manipulación y, en su lugar, usar estas herramientas para crecer, alcanzar nuestras metas y vivir de acuerdo con nuestros valores.

Esta breve definición destaca las diferentes formas en que se manifiestan las emociones y comportamientos de personas con habilidades superiores en comunicación, quienes a menudo utilizan su arte del convencimiento para ejercer persuasión, posesión y percepción como medios de control y sujeción. Estas tácticas, con frecuencia, causan divisiones y traumas en personas con acceso limitado al estudio y al manejo emocional. Además, estas personas suelen refugiarse en afirmaciones religiosas para persuadir y manipular el pensamiento sobre problemas o miedos que ellos mismos han infundido.

Sin embargo, cuando se cultiva intencionalmente el conocimiento mediante el hábito del estudio y la formación mental, la vida cambia enormemente. El carácter se fortalece a través del subconsciente, sin que la persona lo note directamente. En lugar de ser vencidos por las dificultades de la vida, aprenden a superar cada obstáculo. A través de estas victorias, descubren lo que realmente forma su carácter, moldeando y dando forma a su vida sin permitir que otras personas tengan poder sobre ellos.

Algunas personas creen que la naturaleza de su vida y el carácter de sus circunstancias dependen de la opinión de quienes ejercen dominio emocional sobre ellas.

Como resultado, ajustan su mente consciente para vivir bajo los estándares impuestos por esas influencias, ya sean maestros, líderes religiosos, esposos, familiares, entre otros. Además, algunas personas tienden a inclinarse hacia leyes mentales negativas, dejándose llevar por sugestiones de pensamientos que impactan drásticamente sus vidas.

> El carácter se fortalece a través del subconsciente, sin que la persona lo note directamente.

CAPÍTULO X

EL AUTOSABOTAJE

«Nuestra mente fue diseñada para crear, innovar y desarrollar ideas. Si no le proporcionamos el entorno adecuado, seguirá trabajando, pero de forma contraria a su propósito original»

Podemos abordar la vida desde dos perspectivas:

1. Vivimos en un universo malvado y somos víctimas de un destino cruel e implacable.
2. Vivimos en un universo ordenado, cuyo principio rector es la bondad y el amor.

Ambas afirmaciones pueden parecer válidas, ya que las percepciones humanas varían. Algunos se inclinan a pensar que el mal domina la existencia, mientras que otros confían en la bondad intrínseca del universo. Sin embargo, la sabiduría no se encuentra en adherirse rígidamente a una de estas posturas, sino en comprender que nuestras creencias, alimentadas por nuestras experiencias, pueden influir en cómo navegamos por el mundo.

La Maldad y la Bondad de la Naturaleza Humana

Nicolás Maquiavelo argumenta que el ser humano es malvado por naturaleza y que, en un mundo donde la realidad es inherentemente mala, aquellos que intentan ser buenos están condenados al fracaso o, peor aún, al autosabotaje.

Según Maquiavelo, *para sobrevivir, las personas deben aprender a no ser buenas, abandonar la virtud en favor de la astucia y el pragmatismo.*

En el otro extremo; *JeanJacques Rousseau plantea que el ser humano es, en esencia, bueno. Sostiene que, en su estado natural, el hombre es empático y compasivo, y que cuando uno de sus semejantes sufre, el impulso natural es ayudarle. La bondad, según Rousseau, es parte integral de nuestra naturaleza humana.*

Desde mi experiencia personal, puedo afirmar que ambos enfoques tienen algo de verdad. La respuesta correcta está en el subconsciente, que juega un papel crucial en nuestras decisiones. Este obedece, de manera incondicional, a las directrices que le proporcionamos a través de nuestros micro pensamientos. Por lo tanto, si queremos experimentar resultados positivos, debemos alimentar nuestra mente con conocimiento y cultivar hábitos saludables.

"Porque cuál es su pensamiento en su corazón, tal es él."

MIGUEL CALZADO

Autosabotaje... Un Enemigo Interno

El autosabotaje es el resultado de pensamientos negativos que operan en nuestra mente sin control. La mente, cuando se ve privada de un propósito definido o de una visión clara, genera pensamientos destructivos que afectan tanto nuestro bienestar interno como nuestras circunstancias externas. Estos pensamientos crean un ciclo de fracaso, impidiendo que logremos nuestras metas y sueños. Es como un barco sin timón, una vida sin dirección.

Nuestra mente fue diseñada para crear, innovar y desarrollar ideas. Si no le proporcionamos el entorno adecuado, seguirá trabajando, pero de forma contraria a su propósito original. El autosabotaje, entonces, surge cuando alimentamos la mente con pensamientos limitantes, de enfermedad, fracaso y desánimo. Estas imágenes mentales no solo afectan nuestras emociones, sino que terminan manifestándose físicamente en forma de enfermedades, depresiones y falta de energía.

"No os conforméis a este siglo, sino transformaos por medio de la renovación de vuestro entendimiento."

Técnicas para Evitar El Autosabotaje:

Aprende a Administrar el Tiempo y Eliminar Distracciones:

Uno de los mayores aliados del autosabotaje es el mal uso del tiempo. El tiempo es nuestro recurso más valioso, y la distracción es su principal ladrón. Cada minuto que pasamos distraídos en actividades sin valor, ya sea en redes sociales, conversaciones vacías o preocupaciones innecesarias, es tiempo que nunca recuperaremos.

En cierta ocasión, un empresario amigo mío me enseñó la "teoría de los cinco minutos". Esta teoría, aunque drástica, me ha ayudado a ser más productivo y efectivo. Según él, no deberíamos invertir más de cinco minutos en actividades, conversaciones o personas que no estén alineadas con nuestro futuro a largo plazo. Aunque en su momento me pareció una técnica extrema, con el tiempo comprendí su sabiduría: debemos ser celosos de nuestro tiempo y cuidadosos con a quién o a qué lo dedicamos. Sin embargo, aplicar esta teoría de manera efectiva no fue fácil para mí al principio. Al no haber desarrollado una educación emocional sólida, muchos de mis cambios fueron meramente superficiales y emocionales, no profundos y reales.

El autosabotaje persiste cuando la mente carece de claridad, visión y propósito intencional.

"El corazón del entendido adquiere sabiduría, y el oído de los sabios busca la ciencia."

La Intencionalidad Antídoto contra el Autosabotaje

El autosabotaje surge cuando no somos intencionales en nuestras acciones y decisiones. Hablar de planes y proyectos sin llevarlos a cabo en el mundo físico, es un claro síntoma de una mente desconectada y carente de compromiso. Este tipo de incongruencia no solo nos afecta personalmente, sino que desgasta la confianza de quienes creen en nosotros. No ser intencional en nuestras acciones es una forma de deshonrar el conocimiento divino y malgastar las oportunidades que se nos han dado.

El apóstol Pablo, al hablar de la preeminencia del amor, nos advierte sobre la necesidad de ser consistentes en nuestras acciones.

Así como él nos enseña que, sin amor, nuestras palabras son como un *"metal que resuena o un címbalo que retiñe"* (*1 Corintios 13:1*), también nuestros proyectos, sin intencionalidad, son vacíos y ruidosos. Solo producen distracción y confusión.

Tres Técnicas para Evitar el Autosabotaje y Vivir con Intención

1. **Cultiva el conocimiento:** Alimenta tu mente con sabiduría, libros edificantes y reflexiones que enriquezcan tu ser. La ignorancia es la semilla del autosabotaje, mientras que el conocimiento es su antídoto.

2. **Sé celoso de tu tiempo:** La distracción es un enemigo silencioso. Evita dedicar tiempo a actividades que no aportan valor a tus objetivos a largo plazo. Cada minuto perdido es una oportunidad que no vuelve.

3. **Desarrolla una mentalidad intencional:** Define tus metas con claridad y asegúrate de que cada acción que tomes esté alineada con esos objetivos. La consistencia entre tus pensamientos y acciones generará confianza en ti mismo y en los demás.

"Enséñanos de tal modo a contar nuestros días, que traigamos al corazón sabiduría."

Al comprender el poder de tu subconsciente y la importancia de ser intencional en tus pensamientos y acciones, podrás superar el autosabotaje y vivir una vida de éxito y propósito.

Tres Maneras que implementé para Eliminar el Autosabotaje

1. **Deshacerme de las malas compañías:**

   Uno de los primeros pasos que tomé para evitar el autosabotaje fue alejarme de personas tóxicas que no aportaban valor a mi vida. Las malas influencias pueden actuar como una cadena que te arrastra hacia abajo, impidiendo que avances. Aprendí que, si las personas a mi alrededor no están alineadas con mis metas y valores, no tienen lugar en mi vida. Este proceso fue difícil y, a veces, solitario, pero me permitió crear un entorno saludable donde mis pensamientos y proyectos pudieran florecer.

2. **Enfocarme en mis prioridades y proyectos:**

   Otro cambio clave fue reenfocar mi atención en lo que realmente importaba: mis prioridades y proyectos. Vivir de manera dispersa, sin un plan claro, me llevaba al autosabotaje, y fue crucial aprender a definir y organizar mis metas. Al mantener mi enfoque en lo que quería lograr, pude reducir las distracciones y aumentar mi productividad. Esto no solo me ayudó a ser más eficiente, sino que también me permitió experimentar una mayor satisfacción personal al ver mis objetivos materializarse.

3. **Vivir de forma intencional y desechar la culpa innecesaria:**

   El autosabotaje también se manifiesta cuando te cargas con la responsabilidad de problemas que no causaste. Durante mucho tiempo, me sentí culpable por las dificultades de los demás, intentando resolver situaciones que no estaban bajo mi control. Esto me llevaba a una carga emocional innecesaria que debilitaba mi capacidad para avanzar. Aprendí a liberarme de esa culpa, entendiendo que no es mi deber solucionar los problemas de otros. Al adoptar una mentalidad de resiliencia y pragmatismo, pude mantener un equilibrio sin alejarme de los principios y mandatos de Dios.

Comprender que cada quien es responsable de su propio camino me permitió centrarme en mi crecimiento personal, siguiendo las enseñanzas divinas, pero sin sacrificar mi paz interior.

Estas tres estrategias me han permitido superar el autosabotaje, fortaleciendo mi mentalidad y avanzando hacia una vida más plena y con propósito, siempre bajo la guía y los valores que Dios nos enseña. Espero que también sean de gran ayuda para tu jornada hacia una vida intencional.

> Comprender que cada quien es responsable de su propio camino permite que te centres en tu crecimiento personal, siguiendo las enseñanzas divinas, pero sin sacrificar la paz interior.

CAPÍTULO XI

LA FISIOLOGÍA DEL MUNDO INVISIBLE

«Todo lo que vemos y experimentamos hoy es la manifestación de una creación que previamente existía en el mundo invisible o en la eternidad»

En este capítulo, quiero invitarte a reflexionar profundamente sobre el proceso de creación y procreación. A través de la lente espiritual, exploraremos cómo Dios creó todo de la nada y cómo, a su vez, nosotros somos llamados a ser procreadores de lo que Él ya ha creado. Dios creó los árboles, pero nosotros hemos procreado puertas, mesas y otras innumerables cosas derivadas de la materia prima que Él nos proporcionó.

Todo lo que vemos y experimentamos hoy es la manifestación de una creación que previamente existía en el mundo invisible o en la eternidad. En este sentido, todo lo que nos rodea, ya sea material o espiritual, ha sido traído desde un universo ordenado y perfecto, donde nuestras ideas se conciben en un estado invisible antes de hacerse realidad.

Este universo espiritual e invisible es donde nuestro subconsciente se conecta con el mandato de procreación que Dios puso dentro de cada uno de nosotros. A través de esa conexión con lo divino, somos responsables de traer esas ideas al plano físico y darles vida. Este proceso de creación requiere una comprensión profunda de que no somos meros seres materiales, sino entidades espirituales capaces de transformar lo invisible en visible a través de nuestra relación con Dios.

La Adoración

Un error común en la espiritualidad moderna es la creencia de que se puede declarar y orar al universo, esperando que éste obedezca nuestros deseos. Esta ideología es completamente errónea, ya que el universo no es un ente creador por sí mismo, sino la creación de Dios. Pensar que el universo puede manifestar nuestras peticiones, es como creer que un vehículo Tesla es Elon Musk en sí mismo. El universo es un diseño que responde a las leyes establecidas por su Creador.

Adorar al universo en lugar de a Dios limita nuestra capacidad de procrear, ya que nuestra verdadera fuerza no proviene de las cosas creadas, sino del Creador de todas las cosas. Cuando malinterpretamos esta verdad, se debilita la conexión espiritual entre nuestro subconsciente y el mundo físico, impidiéndonos cumplir nuestro propósito de cocrear junto a Dios. Este malentendido desvía nuestra capacidad de aprovechar los recursos espirituales que Dios ha puesto a nuestra disposición.

La Sincronización interna de nuestro Espíritu

El mundo físico está diseñado para obedecer la parte de Dios que reside en nuestro interior. Para manifestar lo invisible en el plano material, es esencial que nuestro espíritu, alma y cuerpo estén en armonía y sincronizados con Dios. Solo cuando alcanzamos esta sincronización podemos empezar a transformar nuestras ideas espirituales en realidades físicas, sin importar nuestra apariencia, educación o estatus.

La disciplina juega un papel fundamental en este proceso. Para visualizar lo invisible y manifestarlo en el plano material, necesitamos ser completamente disciplinados en todos los aspectos de nuestra vida, tanto físico como espiritual. La disciplina nos abre las puertas a una conexión más profunda con Dios, permitiéndonos alinearnos con Sus propósitos y atraer las ideas que ya existen en la eternidad hacia nuestra realidad.

Jesús lo expresó claramente: "Yo soy la vid y ustedes los pámpanos; separa dos de mí, nada pueden hacer" (Juan 15:5).

Sin una verdadera conexión espiritual con Dios, no podemos cumplir nuestro destino de cocrear junto a Él. Nuestro espíritu necesita estar alineado con el Espíritu de Dios para que podamos manifestar plenamente las ideas y los propósitos que Él ha diseñado para nosotros.

El Ayuno, Disciplina Espiritual

Uno de los caminos más poderosos para alcanzar esta sincronización espiritual es a través del ayuno y la disciplina espiritual. El ayuno, combinado con la oración y la meditación, nos ayuda a desconectar del ruido del mundo material y a enfocarnos en lo que es verdaderamente importante: nuestra relación con Dios. A través del ayuno, nuestros cuerpos físicos se alinean con nuestras intenciones espirituales, creando un canal más claro para recibir revelaciones del mundo invisible.

El ayuno, cuando se practica de manera correcta, no solo purifica nuestro cuerpo, sino que también fortalece nuestra conexión espiritual. Al abstenernos de lo material, nos abrimos a lo eterno, permitiendo que lo invisible se vuelva más tangible y accesible en nuestras vidas. Es un acto de sacrificio que nos coloca en una posición de humildad y receptividad ante Dios.

La Importancia de la Salud Física y Emocional

Además del ayuno, la salud física y emocional son cruciales para mantener una conexión espiritual fuerte. Una rutina de ejercicio físico y mental, especialmente en las primeras horas del día, nos ayuda a estabilizar nuestras emociones y a mantener una mente clara y enfocada en lo espiritual.

Actividades como caminar descalzo por un parque, meditar en la naturaleza y practicar la oración diaria promueven una conexión profunda con el mundo natural y con el Creador.

A través de estas prácticas, junto con el ayuno, notarás que tus pensamientos y deseos comienzan a alinearse de manera natural con los propósitos de Dios. Tu subconsciente se sincronizará con el diseño espiritual que Dios ha puesto dentro de ti, y esto te permitirá manifestar en el mundo físico las ideas y visiones que Dios te ha revelado en el mundo invisible.

El Mundo Invisible

Antes de detallar este capítulo, quiero que tomes un instante para mirar a tu alrededor y visualizar cada anuncio publicitario, edificio, construcción y proyecto que ves, cada negocio, vehículo que manejas, y los colores y diseños que exhiben todas las obras artísticas que nos rodean en el mundo.

>  *¿Sabías que, antes de manifestarse en el mundo físico, todo esto se creó y existió en el mundo invisible?*

Uno de los mayores problemas que enfrentarías está relacionado con las limitaciones que se imponen en los pensamientos e impiden que tus sueños y proyectos se manifiesten en el mundo físico. Esta es una de las maneras en que creamos el autosabotaje. Desperdiciar tiempo y energía preocupándonos por lo que falta o por lo que aún no se ha logrado obstruye el pensamiento y nubla la visión del intelecto. Si omites darte la oportunidad de disfrutar de los logros alcanzados, descuidarás lo que tienes, lo que significa que no estás listo para cosas mayores. Esta tendencia es tan grave que causa insensibilidad espiritual.

Lograr ordenar tu mente de manera efectiva conlleva una disciplina estricta e intencional. Este proceso debe ser progresivo y constante, y el desarrollo de esta disciplina debe permitirte lograr cambios que te permitan controlar las reacciones que tu subconsciente dirige en momentos críticos o desagradables, especialmente en situaciones que involucran a las personas que te rodean.

El Estancamiento Mental, una Estrategia Emocional y Religiosa

Curiosamente, quienes deciden estancar sus vidas suelen ser personas brillantes, inteligentes y ágiles. Por lo general, han alcanzado logros académicos muy altos, pero, a pesar de su gran inteligencia (CI), no han desarrollado la sabiduría ni la inteligencia emocional (IE). Esta carencia es lo que impide que puedan aplicar todo su potencial de manera efectiva.

VENCEDOR Intencional

La sabiduría es algo que se adquiere con el tiempo y no siempre acompaña a la inteligencia académica. La inteligencia puede ayudarte a acumular conocimiento, pero la sabiduría te enseña a utilizar ese conocimiento de manera estratégica y con propósito, permitiéndote alcanzar el éxito sin destruir lo que has construido. Las personas sabias son reconocidas por su capacidad de controlar sus emociones, especialmente en situaciones estresantes, discusiones o momentos de crisis. Es la sabiduría la que permite actuar con serenidad y paciencia, incluso cuando la presión es intensa.

He presenciado situaciones donde personas con altos niveles académicos y posiciones de poder han reaccionado de manera impulsiva, sin medir las consecuencias de sus acciones. Por otro lado, también he visto cómo individuos con poca educación formal han tomado decisiones increíblemente sabias en momentos críticos, decisiones que, en algunos casos, salvaron vidas. Esto demuestra que la inteligencia y la sabiduría no siempre van de la mano. Un ejecutivo exitoso puede carecer de la sabiduría práctica de un conserje que, a través de la experiencia, ha aprendido a lidiar con la vida de manera equilibrada.

La diferencia clave entre la inteligencia y la sabiduría es que la inteligencia te enseña a construir, pero la sabiduría te ayuda a evitar la destrucción. Esta última no se obtiene solo con el conocimiento; proviene de Dios y se desarrolla con el tiempo, a través de experiencias tanto buenas como malas. Es la sabiduría la que te permite vivir intencionalmente, ser persistente y reflexionar antes de actuar. La sabiduría enseña a no tomar decisiones precipitadas, ya sea en momentos difíciles o en situaciones de euforia.

No solo los momentos de adversidad son peligrosos; también aquellos en los que las emociones están al máximo pueden ser igualmente destructivos. Durante esos momentos, los neurotransmisores como la dopamina, que genera placer y relajación, toman el control.

La dopamina, al intervenir en los procesos de memoria y aprendizaje, puede hacer que tomes decisiones basadas en una sensación de felicidad momentánea, sin considerar las consecuencias a largo plazo.

En el entorno religioso, se manipulan las emociones que generan decisiones impulsivas. En muchas iglesias, los servicios están diseñados para estimular emocionalmente a los participantes. En esos momentos de vulnerabilidad emocional, la fe a menudo se comercializa estratégicamente para persuadir a las personas, especialmente a aquellas con una mentalidad débil o sugestionable. La manipulación espiritual se convierte en una herramienta eficaz para que algunos líderes religiosos controlen a sus seguidores.

Esto lo podemos ver en las palabras de Jesús, cuando dice: "Mi casa será llamada casa de oración para todas las naciones, pero ustedes la han convertido en una cueva de ladrones" (Marcos 11:17).

El control emocional y la libertad espiritual van de la mano. Cuando logras dominar tus emociones y vivir de manera intencional, estás menos expuesto a la manipulación y la sugestión. Tristemente, muchas iglesias hoy en día han perdido su enfoque original y han sido reducidas a centros de entretenimiento o clubes de autoayuda.

En lugar de alimentar el espíritu, alimentan las emociones, proporcionando un alivio temporal a través de canciones y mensajes que se asemejan a placebos emocionales. Los asistentes pueden sentirse renovados mientras están en el servicio, pero al salir, la misma tristeza o vacío emocional regresa, a veces con más fuerza.

Jesús dijo: "Si el Hijo os libertare, seréis verdaderamente libres" (Juan 8:36).

VENCEDOR Intencional

Sin embargo, esta libertad no se alcanza a través de mensajes vacíos o de una estimulación emocional momentánea, sino a través de una verdadera conexión espiritual que permita el crecimiento personal y la independencia emocional.

No estoy generalizando. Sé que existen hombres y mujeres genuinos en su fe, que expanden las buenas nuevas y viven conforme a los preceptos divinos. Sin embargo, estos líderes no son famosos, ni promueven milagros espectaculares al estilo de la lucha libre (WWE), ni se revisten con una falsa santidad. Lo que ellos promueven es el amor genuino, el mismo que fue revelado hace más de 2000 años. Si tan solo lográramos comprender que Dios no nos exige una vida perfecta, sino sinceridad y amor constante, estaríamos en una mejor posición espiritual.

Para evitar el estancamiento mental y espiritual, es crucial entender que la sabiduría debe acompañar a la inteligencia. Aprender a ser paciente en el momento de hablar y no dejarse guiar por las emociones es una lección invaluable.

> "Vestirse de inteligencia sin sabiduría
> es el atuendo de gala de
> un imbécil educado."

CAPÍTULO XII

SECRETOS DE SABIDURÍA

«Al vivir en armonía con el amor y el perdón, dejamos de crear nuestro propio mal, y en su lugar, sembramos una vida plena y llena de paz»

La ley oculta del éxito en la vida es el amor y el servicio. Esta ley enseña que, en toda la naturaleza, ya sea en los seres humanos, las plantas o los animales, la paz, la salud y la prosperidad están garantizadas cuando obedecemos estos principios. Al seguir esta ley, no solo seremos capaces de vivir en armonía, sino que también descubriremos cómo eliminar las enfermedades y el desorden emocional provocados por los pensamientos negativos.

Las personas que persiguen deseos desenfrenados por bienes materiales o placeres deshonestos, sin importar el daño que causen a otros, se encaminan hacia la destrucción.

VENCEDOR Intencional

Este comportamiento es el resultado de vivir de acuerdo con prácticas depredadoras o parasitarias, en lugar de seguir un camino de amor y cooperación.

Vivimos en un universo ordenado por el amor. El mal que experimentamos en nuestras vidas a menudo ha sido provocado por nuestras propias acciones o pensamientos. Reconocer esto es fundamental para comenzar a transformarnos. A partir de hoy, debemos comprometernos a ser intencionales en nuestra forma de pensar, permitiendo que nuestra mente inconsciente reaccione de manera natural y habitual bajo el principio de la ley del amor.

El Poder del Perdón

El perdón es el primer paso hacia una vida guiada por el amor, y este proceso comienza por perdonarnos a nosotros mismos. Debemos dejar atrás los errores del pasado que ya no pueden corregirse, aceptar que el tiempo perdido no volverá y soltar las oportunidades que dejamos escapar. El acto de perdonarse a uno mismo es profundamente liberador, ya que nos alivia del peso del remordimiento y nos ofrece la posibilidad de comenzar de nuevo. Al reconocer nuestras imperfecciones y perdonarnos por no haber sido perfectos, iniciamos un proceso de sanación interior que nos permite cicatrizar nuestras heridas emocionales.

El perdón también nos abre las puertas al amor, porque nos capacita para vernos a nosotros mismos y a los demás con mayor compasión y comprensión. A su vez, el perdón hacia los demás es igual de vital. Aferrarnos al rencor y al odio nos ata emocionalmente a la fuente de nuestro dolor, mientras que el perdón nos libera y nos permite avanzar con mayor ligereza. Al dejar de lado el resentimiento, nos desprendemos de las emociones negativas que envenenan nuestra mente y cuerpo, creando espacio para que la paz y el amor fluyan con mayor libertad en nuestra vida.

Jesús en su enseñanza, nos invita a perdonar como un acto de reconciliación espiritual y emocional.

Nos recuerda: "Perdonen, y serán perdonados"

El perdón, en última instancia, no solo restaura nuestra relación con los demás, sino también con nosotros mismos y con Dios, promoviendo una vida de mayor paz interior y bienestar emocional.

La Importancia del Perdón y la Búsqueda de Paz

El perdón es una pieza fundamental en la construcción de la paz interior y exterior. Para alcanzar la serenidad y el éxito en nuestras vidas, es imprescindible perdonarnos a nosotros mismos y a los demás. El perdón a uno mismo es un acto de autocompasión que nos libera del peso de la culpa y el remordimiento. Reconocer nuestros errores y liberarnos del juicio constante que infligimos sobre nuestras acciones pasadas es esencial para avanzar y sanar emocionalmente.

Cuando nos perdonamos, abrimos la puerta a un nuevo comienzo, en el cual podemos ser más conscientes de nuestras decisiones y acciones, alineándonos con la intención de vivir una vida más plena y equilibrada.

Perdonar a los demás es igualmente esencial. Aferrarse al resentimiento y al odio no solo envenena nuestra mente y cuerpo, sino que nos impide vivir en paz. El rencor nos mantiene atados emocionalmente al pasado, mientras que el perdón nos libera para vivir en el presente. Es un acto de liberación y una declaración de nuestra intención de vivir en armonía con el universo. Al soltar las ofensas, permitimos que el amor fluya en nuestras relaciones, transformando tanto nuestra vida interior como nuestras interacciones con los demás.

Jesús nos ofrece una enseñanza profunda sobre el perdón.

Esta exhortación no solo nos invita a reconciliarnos con los demás, sino que nos señala la vía hacia la paz interna, pues el acto de perdonar nos reconcilia también con nuestra propia humanidad, con nuestras imperfecciones y, finalmente, con Dios.

La Paz Interior Clave para el Éxito

La paz interior es un estado esencial para el éxito verdadero, pues vivir en armonía con nosotros mismos y con las leyes universales nos permite alcanzar un estado de equilibrio y serenidad. Estar en paz con nuestra mente no es simplemente la ausencia de conflictos externos, sino la alineación de nuestro ser con los principios fundamentales del amor y la armonía interna. Cuando no estamos en paz con nuestra mente, vivimos en desobediencia a la ley esencial de la vida, lo que inevitablemente nos lleva al caos y la frustración.

Esta paz es el resultado de una intencionalidad profunda:

"Decidir vivir en sintonía con los principios universales del amor y el servicio a los demás".

El nivel de paz que decidimos cultivar en nuestra vida está directamente relacionado con el éxito que podemos experimentar. Este éxito, sin embargo, no debe medirse por logros materiales, sino por la calidad de nuestra relación con nosotros mismos, con los demás y con el universo. Una vida de verdadera prosperidad es posible solo cuando nos alineamos conscientemente con las leyes universales del amor, la cooperación y el perdón.

Amor, Sabiduría y Armonía

Nuestro mundo interior es el reflejo de nuestros pensamientos y actitudes. Si cultivamos pensamientos de amor, compasión y armonía, inevitablemente comenzaremos a atraer estas mismas cualidades a nuestra vida. El amor es la expresión primordial del universo, y cuando vivimos en sintonía con él, nos alineamos con el orden divino que rige toda la creación. Esta conexión intencional con el amor nos transforma, tanto interna como externamente, permitiéndonos vivir con mayor claridad, paz y sabiduría.

El proceso de alcanzar la paz y el éxito en la vida es continuo. Las decisiones que tomamos y los pensamientos que cultivamos hoy darán forma a nuestro futuro. Como la ley de causa y efecto dicta, aquello que sembramos en la juventud lo cosecharemos en la madurez. Si decidimos vivir en obediencia a las leyes del amor y el perdón, nuestra vida estará marcada por la serenidad, la fuerza de carácter y una profunda sensación de bienestar.

La Senda del Amor

El éxito verdadero no se encuentra en la acumulación de bienes materiales o en la búsqueda desenfrenada del placer egoísta, sino en vivir una vida guiada por los principios del amor, el perdón y la paz. Cuando vivimos bajo estos principios, nos convertimos en reflejos del amor de Dios, no solo en nuestras acciones, sino también en nuestros pensamientos y sentimientos.

Al trabajar intencionalmente para estar en paz con nosotros mismos y con los demás, cultivamos un éxito que es duradero, un éxito que emana de una vida vivida en armonía con el universo y con el Creador.

Vivir en amor es vivir en la luz. El amor tiene el poder de transformar todo lo que toca y es capaz de sanar incluso las heridas más profundas. La paz que surge de este amor no es simplemente la ausencia de conflicto, sino la certeza de estar alineados con la voluntad divina. Este tipo de éxito no es un destino final, sino el resultado natural de una vida vivida conscientemente, con intención, bajo los principios del amor, la cooperación y el perdón.

El Resultado de Vivir en Armonía

En la vejez, cosechamos los frutos de nuestras decisiones, ya sean acertadas o erróneas. Los errores del pasado, cuando no son afrontados y perdonados, nos siguen, pero una vida vivida en armonía con las leyes del amor forja un carácter fuerte, capaz de soportar las adversidades y aprender de ellas. La vida, cuando se vive con intención y en obediencia a los principios universales, nos moldea, nos fortalece y nos brinda la sabiduría necesaria para evitar muchas desgracias y problemas.

En otras palabras, al vivir en armonía con el amor y el perdón, dejamos de crear nuestro propio mal, y en su lugar, sembramos una vida plena y llena de paz.

Perdónate. Tu niño interno está esperando a que lo perdones. Tomemos este momento y expresemos la mayor muestra de amor que hemos esperado por mucho tiempo.

Esta muestra de amor solo puede venir de la persona que está dentro de ti. Repítelo, en tu interior:

MIGUEL CALZADO

Yo me perdono por...

Lo que nunca escribiré…

MIGUEL CALZADO

Lo que nunca diré…

Los fundamentos del Éxito, la Actitud y la Prosperidad

Para alcanzar el éxito y la prosperidad genuinos, es fundamental desarrollar una mentalidad intencional y ordenada. Esta mentalidad no solo define nuestra actitud hacia la vida, sino que también nos permite encontrar el equilibrio necesario entre la disciplina y la sabiduría. En este sentido, la prosperidad va más allá de la riqueza material, se trata de un estado de bienestar integral que abarca tanto la estabilidad emocional como financiera, y que se logra a través de un enfoque disciplinado y enfocado.

La Actitud Correcta para el Éxito Financiero

La clave para alcanzar la riqueza financiera y el éxito personal reside en cultivar una actitud adecuada. Aquellas personas que logran la libertad financiera suelen tener una visión clara, un fuerte sentido de disciplina y determinación. Su enfoque no se centra en la ostentación, sino en la eficiencia, el trabajo constante y la capacidad de aprovechar las oportunidades. *Esto refleja los principios descritos en el libro de Proverbios, que señala:*

> *"Los planes bien pensados: ¡son pura ganancia!*
> *Los planes apresurados: son puro fracaso"*
> *(Proverbios 21:5).*

La prosperidad se manifiesta cuando nuestros pensamientos están alineados con la acción.

Como dice Proverbios 16:3: ***"Encomienda a Jehová tus obras, y tus pensamientos serán afirmados"***.

Esto nos enseña que una mente ordenada, enfocada en el trabajo y el servicio, abre las puertas a la abundancia y la prosperidad.

Patrones de Disciplina y Sabiduría

El rey Salomón, conocido por su sabiduría, nos ofrece ejemplos claros de cómo la disciplina y el uso adecuado de la sabiduría son esenciales para el éxito. Su reinado es recordado por su enfoque en la justicia, la planificación y la búsqueda de la sabiduría divina, lo que llevó a Israel a una era de prosperidad.

Uno de los ejemplos más notables de su disciplina fue la construcción del templo en Jerusalén, un proyecto monumental que Salomón supervisó con una planificación meticulosa y un profundo sentido de propósito.

Además, su capacidad para administrar los recursos del reino de manera eficiente le permitió enriquecer a su pueblo.

Sin embargo, Salomón también ofrece ejemplos de cómo el aleja miento de la sabiduría puede llevar al declive. Aunque su reinado comenzó de manera ejemplar, al final de su vida, sus decisiones equivocadas, como la acumulación excesiva de riquezas y la influencia de sus numerosas esposas extranjeras, lo alejaron de la sabiduría divina.

En lugar de seguir la disciplina que lo había guiado, cayó en la complacencia y la idolatría, lo que trajo consecuencias negativas tanto para él como para su reino.

El poder de una Mente Intencional

El pensamiento tiene un poder inimaginable. Nuestras ideas de terminan el curso de nuestras vidas, ya sea hacia el éxito o hacia el fracaso.

Las personas que se centran en el éxito fijan metas claras y trabajan diariamente para alcanzarlas, son las que logran prosperar. Por el contrario, aquellos que permiten que el miedo y la duda dominen sus pensamientos terminan socavando su propio progreso.

Una mentalidad exitosa se basa en la acción intencional. No se trata solo de tener sueños o deseos vagos, sino de trabajar de manera constante para lograrlos.

Proverbios 14:23 nos recuerda que "En todo trabajo hay ganancia; pero las vanas palabras de los labios empobrecen".

La clave está en tomar decisiones claras y ejecutar los planes con determinación, mientras mantenemos un enfoque en el crecimiento personal y espiritual.

Cambio de Mentalidad: Pautas para lograr el Éxito

Aunque algunas personas parecen estar predestinadas al fracaso debido a su mentalidad, esto no es algo inmutable. El poder de la mente es tan grande que puede transformar una vida de carencias en una de éxito si se entrena adecuadamente. Al cambiar los patrones de pensamientos negativos y adoptar una actitud de abundancia, cualquier persona puede comenzar a ver cambios significativos en su vida.

"Porque cuál es su pensamiento en su corazón, tal es él".

Para cambiar esta mentalidad, es fundamental desarrollar una actitud de gratitud y éxito, concentrándose en lo que se desea lograr y no en lo que se teme perder. El miedo, cuando no se enfrenta, se convierte en una barrera que impide el progreso. Por el contrario, la fe en nuestras habilidades, la confianza en que podemos alcanzar nuestras metas, y el esfuerzo disciplinado nos llevan hacia el éxito

El Servicio a Otros, Garantiza El Éxito

Finalmente, el éxito genuino no debe medirse solo en términos de riqueza material, sino en la cantidad de bien que hacemos a los demás.

Una vida de servicio y cooperación conlleva la mayor satisfacción, ya que nos permite contribuir al bienestar de la comunidad.

 *"El alma generosa será prosperada; y el que saciare, él también será saciado".*

Al ser útiles para los demás, nos volvemos indispensables y, en consecuencia, recibimos recompensas más allá de lo material.

El verdadero éxito es aquel que está fundamentado en la sabiduría, el servicio y la cooperación. La riqueza financiera, cuando está acompañada de estos principios, no solo trae prosperidad material, sino también paz interior y satisfacción. Por ello, debemos enfocar nuestra vida en ser útiles, eficientes y serviciales, siempre manteniendo una mentalidad de abundancia y crecimiento.

El éxito no es un accidente ni un resultado del azar, sino el fruto de una mente disciplinada, intencional y enfocada en los principios del amor, el servicio y la sabiduría.

Al adoptar una vida ordenada, llena de propósito y basada en los principios que nos enseña la sabiduría divina, como lo demuestra el ejemplo de Salomón, podemos alcanzar tanto la prosperidad financiera como la paz y la felicidad duradera.

Al adoptar una vida ordenada, llena de propósito y basada en los principios que nos enseña la sabiduría divina, podemos alcanzar tanto la prosperidad financiera como la paz y la felicidad duradera.

CAPÍTULO XIII

EL MIEDO AL FRACASO

«El miedo al fracaso puede ser debilitante, pero si lo enfrentamos y seguimos adelante, descubrimos que no es más que una ilusión que nos reta a ser mejores»

El miedo es, sin duda, una de las emociones más poderosas que pueden afectar profundamente nuestras decisiones. A menudo, las personas temen más por lo que imaginan que la realidad misma. Esta emoción puede impactar nuestro subconsciente, interfiriendo con nuestras capacidades físicas y mentales, provocando una respuesta de lucha o huida que, aunque natural, puede ser contraproducente si no se gestiona correctamente.

Nuestra mente es una herramienta extraordinaria, capaz de conectarnos con nuestro propósito más elevado. Sin embargo, si no se controla, puede convertirse en una fuente de destrucción. El miedo activa nuestras respuestas fisiológicas, acelerando el ritmo cardíaco, dilatando las pupilas y provocando la liberación de adrenalina y cortisol, preparándonos para actuar ante el peligro. No obstante, si esta respuesta se vuelve constante, puede tener efectos negativos sobre nuestra salud física y emocional.

El Fracaso Parte Fundamental del Camino al Éxito

Para lograr el éxito verdadero, debemos aceptar el fracaso como un componente esencial del crecimiento. Cada tropiezo, cada caída, es una oportunidad para aprender y mejorar. La historia está repleta de ejemplos de grandes inventores y líderes que fracasaron en múltiples ocasiones, pero que nunca se rindieron.

Thomas Edison, por ejemplo, falló más de 10,000 veces antes de perfeccionar la bombilla eléctrica. Cuando le preguntaron sobre sus intentos fallidos, respondió:

"No he fracasado. He encontrado 10,000 maneras que no funcionan".

Su persistencia, a pesar del miedo al fracaso, le permitió transformar la vida de millones de personas.

Henry Ford, fundador de la Ford Motor Company, fracasó en dos intentos empresariales antes de revolucionar la industria automotriz en 1903. A pesar de los contratiempos financieros y las críticas, Ford no permitió que el miedo lo detuviera. Al contrario, utilizó sus fracasos como trampolines hacia el éxito.

Estos ejemplos ilustran que el fracaso no es el fin, sino un paso necesario en el camino hacia la grandeza.

El miedo al fracaso puede ser debilitante, pero si lo enfrentamos y seguimos adelante, descubrimos que no es más que una ilusión que nos reta a ser mejores.

Enfrentar El Miedo Desde un enfoque Estoico

El enfoque estoico para enfrentar el miedo es simple: aceptar lo que no podemos controlar y actuar sobre lo que sí podemos. Los estoicos enseñan que el miedo no proviene de los eventos en sí, sino de la interpretación que hacemos de ellos. En palabras del filósofo estoico Epicteto:

"No son las cosas lo que nos perturba, sino nuestras opiniones sobre ellas."

El miedo al fracaso es solo un pensamiento que podemos desafiar y superar. Desde esta perspectiva, debemos aprender a aceptar que el fracaso forma parte del proceso natural de aprendizaje.

La práctica de la "*preparación negativa*" (*premeditation malorum*) sugiere que visualicemos el peor de los escenarios posibles para desensibilizarnos al miedo. Al aceptar que el fracaso es una posibilidad, reducimos su poder sobre nosotros y, en su lugar, nos enfocamos en lo que está dentro de nuestro control, nuestra reacción y nuestra determinación para seguir adelante.

El Poder Del Amor Supera El Miedo

 *El miedo, puede ser superado a través de la fe y el amor: "Busqué a Jehová, y él me oyó, y me libró de todos mis temores".*

Aquí se nos recuerda que, cuando confiamos en una fuerza superior, podemos liberar el temor que nos paraliza y encontrar paz en medio de la adversidad.

El amor, según las enseñanzas bíblicas, es el antídoto más poderoso contra el miedo. El amor hacia nuestros semejantes, hacia nuestra misión en la vida, y hacia nuestro Creador, nos da la fortaleza necesaria para superar cualquier obstáculo.

 *"En el amor no hay temor, sino que el perfecto amor echa fuera el temor".*

Este principio nos enseña que la confianza, cuando está basada en el amor, elimina cualquier vestigio de miedo, permitiéndonos avanzar con valentía hacia nuestros objetivos.

El miedo al fracaso es una barrera que todos enfrentamos en algún momento, pero es importante recordar que solo aquellos que se arriesgan a fracasar logran crecer. El miedo no debe considerarse enemigo, sino catalizador para el éxito.

Al abrazar el fracaso como parte del proceso, encontramos nuestra verdadera fortaleza. Desde una perspectiva estoica, aprendemos a aceptar lo que no podemos cambiar y a enfocarnos en lo que podemos controlar. Y, sobre todo, encontramos consuelo en la verdad espiritual de que el amor y la fe pueden liberar nuestras mentes de cualquier miedo, permitiéndonos vivir con plenitud y propósito.

El verdadero éxito radica en la perseverancia, en la disposición de fallar y aprender, y en la confianza de que, al final, cada desafío superado nos acerca más a la grandeza.

Una parte de la amígdala se conecta con el hipotálamo para estimular la liberación de la "*hormona* corticotropina", que provoca la reacción de lucha o huida a través de la secreción de adrenalina y cortisol.

La adrenalina nos pone en un estado de alta vigilancia ante un estímulo amenazante, mientras que el cortisol, una hormona producida por las glándulas suprarrenales, ayuda a los músculos a liberar más azúcar. Ambos nos alertan para escapar, escondernos o enfrentar el peligro.

Por otra parte, las personas impávidas, aquellas que carecen de miedo, suelen reaccionar de manera serena ante situaciones de peligro. Este adjetivo es equivalente a impertérrito, libre de pavor, impasible o imperturbable.

Sin embargo, hay una condición aún más compleja conocida como lipoidoproteinosis, en la cual se produce una destrucción completa de la amígdala (*que se endurece y se encoge*), lo que provoca que las personas que la padecen no experimenten ningún sentimiento parecido al miedo.

No obstante, el miedo es un mecanismo de supervivencia humana con el potencial de trabajar de manera beneficiosa y funcional en el subconsciente. Podríamos llamarlo una alerta interna que se activa en nuestro subconsciente y nos advierte de peligros, enfermedades y situaciones, previniendo a nuestro instinto subconsciente.

El miedo genera respuestas fisiológicas, corporales y conductuales, explicó Sotres. Además, el miedo produce un aumento del ritmo cardíaco, sudoración y dilatación de las pupilas. En los seres humanos, reiteró Francisco Sotres, el miedo *"es una espada de doble filo"*. Es una alarma que permite responder a estímulos peligrosos.

Si prestamos atención a esto, podemos entender que, si no pudiéramos reaccionar ante las amenazas, probablemente ya estaríamos muertos.

El Beneficio del Miedo en el Ser Humano

El Salmón de Kvitsoy: El Secreto de su Frescura Inigualable

El mejor salmón del mundo proviene de las aguas cristalinas que rodean la pequeña isla noruega de Kvitsoy. Ubicada en el suroeste de Noruega, Kvitsoy es un archipiélago compuesto por más de 360 islas, con condiciones naturales excepcionales para la cría de peces. Las fuertes corrientes marinas, los niveles óptimos de salinidad y el alto contenido de oxígeno en estas aguas crean un entorno ideal para la producción de salmones robustos, saludables y con menos grasa que los criados en otros lugares.

En Kvitsoy, los salmones son cultivados de manera 100% sostenible, sin el uso de antibióticos, y cada pez se cría respetando su ciclo natural, lo que asegura un producto de alta calidad con un sabor y textura incomparables. Sin embargo, a pesar de estas condiciones privilegiadas, existía un desafío: la frescura del salmón se veía comprometida durante su transporte a mercados lejanos.

Inicialmente, los salmones eran trasladados en hielo, pero este método hacía que perdieran su sabor original. Posteriormente, optaron por transportarlos en tanques de agua, lo que parecía una solución más adecuada. Sin embargo, durante el trayecto, los peces permanecían inmóviles y, al llegar a su destino, el salmón había perdido frescura debido a la inactividad.

Fue entonces cuando los pescadores encontraron una solución ingeniosa: introducir peces lobo en los tanques de transporte. El pez lobo, un depredador natural, representaba una amenaza para los salmones, lo que los obligaba a mantenerse en constante movimiento. Este estado de alerta mantenía a los salmones activos durante todo el trayecto, lo que aseguraba que llegaran frescos y en condiciones óptimas a su destino.

La presencia del pez lobo desencadenaba en los salmones la liberación de adrenalina, una hormona clave para la supervivencia que aumenta el flujo sanguíneo a los músculos y activa una respuesta de lucha o huida. Este constante movimiento, provocado por la necesidad de escapar del "peligro", permitía que los salmones conservaran su frescura, firmeza y sabor durante el transporte, garantizando un producto de calidad superior al llegar al mercado.

Este mismo proceso ocurre en los seres humanos cuando experimentamos miedo. La adrenalina, liberada en situaciones de peligro o estrés, nos prepara para reaccionar rápidamente.

Nuestro cuerpo aumenta su capacidad para correr o luchar, los músculos reciben más oxígeno y se acelera el ritmo cardíaco. Aunque en nuestra vida diaria no siempre enfrentamos peligros físicos, el miedo juega un papel crucial en la activación de nuestras habilidades cognitivas y emocionales.

El Miedo Como Fuente de Crecimiento

Así como el miedo mantiene a los salmones de Kvitsoy en su mejor estado durante el transporte, el miedo en los seres humanos tiene el potencial de sacar lo mejor de nosotros si se maneja adecuadamente. Cuando enfrentamos el miedo de manera consciente, sin permitir que nos paralice, este puede convertirse en un motor para el crecimiento personal y el descubrimiento de nuestras capacidades.

El miedo activa nuestro sistema de supervivencia, pero también estimula nuestra creatividad y capacidad de resolución de problemas.

En situaciones de crisis o desafío, nuestro cerebro entra en un estado de alta alerta, buscando soluciones y nuevas formas de adaptarse. Este estado de alerta puede ser altamente productivo si logramos canalizar el miedo en energía positiva.

Es importante entender que el miedo no es el enemigo. Como seres humanos, estamos diseñados para sentir miedo en situaciones inciertas o peligrosas. Sin embargo, lo que realmente marca la diferencia es cómo respondemos a ese miedo.

Al igual que los salmones que deben nadar para sobrevivir, el ser humano puede usar el miedo como combustible para avanzar, siempre y cuando no permita que este lo paralice.

¿Cómo el Miedo Activa La Supervivencia en los Seres Humanos?

Imaginemos una situación de miedo extremo: un orador frente a una audiencia masiva. Para muchos, hablar en público es una de las experiencias más aterradoras. El cuerpo, al igual que el de los salmones en el tanque, libera adrenalina para prepararse para la "*amenaza*" percibida. Las manos sudan, el corazón late más rápido y la mente se enfoca en el peligro.

En este momento, la adrenalina hace que el orador esté más alerta, aumentando su capacidad para responder rápidamente. Si maneja bien la situación, ese miedo inicial puede convertirse en una herramienta que le permita hablar con más energía y claridad, manteniéndose presente y concentrado en el mensaje que quiere transmitir.

Desde una perspectiva estoica, este tipo de miedo es inevitable, pero también es controlable. El miedo no es intrínsecamente malo; es una respuesta natural que puede ser utilizada en nuestro favor.

 *El filósofo Marco Aurelio decía: "Si estás angustiado por alguna cosa externa, el dolor no se debe a la cosa misma, sino a tu estimación de ella y esto lo tienes en el poder de revocar en cualquier momento".*

El miedo, al igual que el pez lobo en el tanque con los salmones, puede ser percibido como una amenaza o como una oportunidad. Es una fuerza que, si se administra sabiamente, puede ayudarnos a alcanzar nuestro máximo potencial.

Tanto en los animales como en los seres humanos, la adrenalina y la alerta que el miedo genera son herramientas de supervivencia, pero también son el combustible para el crecimiento y la transformación.

 *"Busqué a Jehová, y él me oyó, y me libró de todos mis temores".*

Este verso nos recuerda que, aunque el miedo sea una parte inevitable de la vida, tenemos el poder de superarlo, confiando en algo más grande y utilizando esa energía para avanzar. Cuando aprendemos a enfrentar el miedo, descubrimos que, en realidad, es un aliado que nos empuja hacia la grandeza.

Si no puedes resolver un problema, deja de intentarlo. Por esta razón, se recomienda la oración y la conexión espiritual en estas situaciones.

La única manera de encontrar la verdadera felicidad, paz, satisfacción y armonía es a través de las cosas más pequeñas, aquellas que no requieren riquezas, pero que están llenas de pensamientos de buena voluntad y un sentimiento de cooperación, en lugar de adquisición o beneficio personal.

El miedo solo se vence a través del amor, la voluntad y la cooperación. Estas tres traerán armonía interna en medio de cualquier momento de miedo. Así que, la mejor forma de enfrentar el miedo al fracaso, es deseando fracasar. Solo los fracasos nos hacen crecer.

Patrones Religiosos de Destrucción

Hoy en día es común ver cómo las personas, en lugar de ser auténticas, prefieren invertir tiempo y energía en proyectar una imagen que agrade a los demás. Este deseo de complacer a todos y cumplir con las expectativas ajenas, lleva a una vida de teatro, donde el objetivo principal es hacer feliz a los demás, olvidándose de sí mismos. Esta desconexión con la verdadera identidad genera vacíos emocionales, complejos de inferioridad y traumas que se acumulan con el tiempo, siendo difíciles de superar.

Así es como caemos en un estado de infertilidad emocional: vi vimos y actuamos preocupándonos por lo que otros piensen u opinen de nosotros, en lugar de enfocarnos en nuestras prioridades. Cuando una persona no se concientiza de este patrón de dependencia, puede reaccionar de formas muy extremas.

Por ejemplo, actúan sin control, volviéndose emocionalmente rebeldes, haciendo lo que quieren, cuando quieren, sin pensar en las consecuencias. En un momento pueden desarrollar una crónica dependencia emocional, mientras que en otros se muestran distantes e incapaces de asumir responsabilidades o compromisos. Normalmente, al llegar a este estado, estas personas se aferran al dolor del pasado, lo que provoca miseria y sequía espiritual.

MIGUEL CALZADO

El Impacto Destructivo del Ambiente Donde se Crece

Las personas que crecen en hogares donde prevalecen la violencia, los gritos y los insultos tienden a normalizar estos comportamientos en su vida adulta cotidiana.

Estas suelen mostrar patrones como:

- **Manipulación emocional:**

   Utilizan el chantaje emocional o la culpa para controlar a quienes las rodean. Por ejemplo, pueden hacer que te sientas responsable de su bienestar emocional, diciendo frases como

   "Si me quisieras de verdad, harías esto por mí."

- **Evasión de responsabilidades:**

   Evitan asumir la responsabilidad de sus propios errores y fracasos. Cuando algo sale mal, siempre encuentran a alguien más a quien culpar, lo que crea un ambiente tóxico en sus relaciones. Por ejemplo, si no logran cumplir un objetivo en el trabajo, culpan a sus compañeros o a las circunstancias, sin reconocer su propia falta de esfuerzo o dedicación.

- **Tendencia a culpar a los demás por sus problemas:**

   Buscan el conflicto como una forma de sentir conexión o intensidad emocional. Pueden generar discusiones sin motivo aparente, solo para luego reconciliarse dramáticamente. Este ciclo de amor a través del dolor, el conflicto y la reconciliación crea una montaña rusa emocional que interpretan como amor verdadero, cuando en realidad es una dinámica tóxica. Y aunque externamente pueden parecer amables, carismáticos y sociables, internamente se encuentran llenos de rencor y amargura.

¿Cómo Identificar los Patrones de Destrucción?

Desarrollar una patología de negatividad convierte al ser humano en un *"lugar seco"*. Cuando se pierde la capacidad de perdonar, ser feliz y ser agradecido, también se pierde la madurez espiritual, lo que puede llevar a tomar decisiones equivocadas e incluso a ignorar el verdadero estado emocional en el que te encuentras.

Cuando estás espiritualmente desconectado de Dios, le das al reino de las tinieblas un derecho legal para influir en ti. Tu espíritu deja de comunicarse con tu alma o subconsciente, lo que crea una insensibilidad espiritual.

En lugar de experimentar gozo, sientes dolor y tristeza, lo cual es una señal clara de que tu espíritu se encuentra en estado de sequía. En ese momento, tu vida puede ser bombardeada por una serie de catástrofes que llegan una tras otra.

¿Cómo la Religión Crea Mentes Destructivas?

Dios desea que permanezcamos conectados a Él, y de esta forma eliminar las oportunidades para que el enemigo destruya lo que hemos construido. Todo aquello que se convierte en un *"lugar seco"* destruye lo bueno que antes existía. El objetivo principal de estos lugares es hacer que la vida parezca vacía, sin propósito ni sentido. Cuando esto sucede, las desgracias comienzan a atacar las áreas más importantes de tu vida, que son tu economía, tus emociones y tu conexión espiritual.

Las decisiones equivocadas, aunque parezcan pequeñas, pueden hacer que pierdas tu comunicación espiritual, llevándote a una incapacidad de diferenciar entre el bien y el mal. En lugar de asumir la responsabilidad por nuestras acciones, muchas personas prefieren utilizar la manipulación religiosa, haciendo creer a otros que se trata de un ataque del *"enemigo"*, cuando en realidad es la consecuencia de malas decisiones acumuladas.

Es doloroso ver cómo algunas plataformas religiosas promueven promesas falsas, utilizando frases vacías como:

"Arrebata, declara, desata" o
"Da la vuelta siete veces y Dios lo hará".

Como antes mencionamos, expresiones como estas no tienen nada que ver con el don de lenguas ni con las enseñanzas bíblicas. Una de las más comunes en los últimos tiempos es:

"Sella esta palabra con una ofrenda y Dios concederá tu milagro", o "Siembra en mi ministerio y Dios abrirá las ventanas del cielo para prosperarte".

El mayor problema surge cuando la falsa esperanza que se ofrece lleva a las personas de vuelta a su realidad, a menudo más frustradas y sin dinero. Esto sucede porque no se enseña sobre las leyes del reino de Dios ni sobre las normas espirituales que gobiernan el mundo.

La iglesia moderna, en su afán de simplificar la fe, ha convertido el templo en un *"museo de marionetas"*, alejándose del verdadero propósito espiritual.

El Salmo 115:48 lo describe claramente:

Tienen boca, mas no hablan; tienen ojos, mas no ven; orejas tienen, mas no oyen; tienen narices, mas no huelen; manos tienen, mas no palpan; tienen pies, mas no andan; no hablan con su garganta.

Semejantes a ellos son los que los hacen, y cualquiera que confía en ellos.

Este tipo de enseñanza superficial actúa como un placebo, logrando que las personas escuchen lo que quieren oír, pero no lo que realmente necesitan para ser libres.

VENCEDOR Intencional

Quiero aclarar algo, no estoy en contra del diezmo ni de las ofrendas. Entiendo que mantener una congregación requiere recursos, y creo que Dios ha usado a muchos hombres y mujeres de manera sobrenatural para manifestar su gloria. Soy testigo de que el Espíritu Santo transforma vidas de manera extraordinaria, y he visto milagros de sanidad y restauración. Sin embargo, no apoyo las mentiras que se venden bajo el nombre de *"iglesia"* ni el abuso financiero que, muchas veces, ocurre a expensas de personas que solo buscan conocer a Dios.

Es tiempo de dejar atrás las experiencias temporales que solo tienen lugar dentro del edificio, mientras se escuchan canciones o se desarrolla el mensaje.

La iglesia necesita experimentar el gozo que brota del alma y del espíritu, independientemente de las emociones. Cuando tu espíritu está conectado con Dios, te vuelves más productivo, incluso en la soledad, porque la conexión espiritual no depende de una multitud. Esa conexión te convierte en un portador del fuego espiritual que llevas contigo a todos lados, sin necesidad de palabras.

Eso es lo que debemos buscar hoy, en nuestras casas y en cada rincón: una conexión espiritual que nos permita sanar desde adentro y traer luz genuina a nuestras vidas.

> *"En el último día de la fiesta, Jesús se puso en pie y alzó la voz, diciendo: 'Si alguno tiene sed, venga a mí y beba.'"*

En el último día de la fiesta, cuando la ceremonia ha terminado y todos están listos para irse a casa, en ese último momento, cuando sientes que ya has intentado todo y aún sigues igual, escucha estas palabras: *"Si alguno tiene sed, venga a mí."*

MIGUEL CALZADO

Dios convirtió el desierto en estanques de agua y la tierra seca en manantiales. Hizo que se establecieran allí los hambrientos, quienes fundaron una ciudad habitable. Sembraron campos, plantaron viñedos y obtuvieron abundantes cosechas. Dios los bendijo, y se hicieron muy numerosos, y no dejó que menguaran sus rebaños.

CAPÍTULO XIV

LA IGLESIA MODERNA: INDUSTRIA DE LA COMERCIALIZACIÓN DE LA FE

«La verdadera iglesia no está interesada en el enriquecimiento material, sino en el crecimiento espiritual»

Para abrir sus mentes y corazones a un mundo de infinitas posibilidades, antes de entrar en materia, quiero que analicemos la historia de Frederick Douglass. En tiempos de esclavitud en los Estados Unidos, Frederick Douglass, un hombre nacido en la servidumbre, que se destacó como un símbolo de resistencia y liberación. Su vida es un testimonio del poder del conocimiento y de cómo el acceso a la verdad puede romper las cadenas más opresivas. Douglass entendió que su libertad no solo dependía de la liberación física, sino también de la emancipación mental.

Al aprender a leer, rompió las cadenas que lo mantenían esclavizado y comprendió que la verdadera libertad solo se puede alcanzar con el conocimiento y la verdad.

Al igual que Douglass, hoy en día muchas personas están espiritualmente cautivas, no por la falta de libertad física, sino por el engaño que se perpetúa en muchas iglesias modernas. La comercialización de la fe ha reemplazado la verdad del Evangelio, y la gracia de Dios ha sido manipulada para llenar los bolsillos de aquellos que se hacen llamar líderes religiosos.

La Comercialización de la Fe: El Nuevo Sistema de Esclavitud Emocional

La iglesia moderna, en muchos casos, ha adoptado un enfoque mercantilista hacia la fe, usando la plataforma espiritual para controlar a sus congregantes en lugar de liberarlos. La fe, que debería ser un camino hacia la libertad, ha sido convertida en un medio para el enriquecimiento de unos pocos a expensas de las masas.

El conocimiento de la verdad ha sido reemplazado por la retórica y la manipulación emocional, manteniendo a los creyentes en un estado de dependencia y esclavitud espiritual, al igual que los esclavos de los tiempos de Douglass, quienes eran privados del conocimiento para mantener el control sobre ellos.

De la misma manera en que a los esclavos se les prohibía leer o escribir, ya que los dueños de esclavos sabían que el conocimiento los haría conscientes de su situación y a la vez capaces de luchar por su libertad, muchos líderes religiosos hoy en día limitan el acceso de sus congregantes a la verdadera sabiduría bíblica.

En lugar de enseñarles la Palabra de Dios el Padre en su contexto más profundo y liberador, promueven una fe superficial que se centra en la prosperidad financiera, la obediencia ciega y la dependencia en las emociones momentáneas.

Estos líderes han reemplazado la verdadera enseñanza bíblica con promesas vacías, rituales sin sentido y frases de motivación que nunca tocan la raíz de la transformación espiritual. Les enseñan lo que la Biblia dice, pero no lo que la Biblia está diciendo.

La Falacia de la Prosperidad una Gracia Comercializada

La gracia de Dios, que se nos ofrece gratuitamente por medio de Cristo, ha sido tergiversada para servir a intereses egoístas. Muchos falsos pastores predican una doctrina de prosperidad que sugiere que el favor de Dios se puede comprar, ya sea a través de ofrendas, diezmos excesivos o *"semillas de fe"*.

Estos pastores prometen a sus congregaciones que, si dan lo suficiente, Dios les concederá sus deseos, como si la gracia de Dios fuera una mercancía que se puede intercambiar por dinero.

Este tipo de enseñanza es profundamente destructiva. El mensaje central del Evangelio es que la salvación y la gracia son regalos inmerecidos de Dios, que no pueden comprarse ni ganarse por medio de obras o sacrificios materiales. Sin embargo, la comercialización de la fe ha distorsionado esta verdad, llevando a los creyentes a una falsa comprensión de Dios.

En lugar de ver a Dios como un Padre amoroso que ofrece gracia a todos, se les enseña a verlo como un comerciante que solo favorece a aquellos que pueden pagar el precio.

Esta doctrina de la prosperidad no solo manipula a las personas de buen corazón y poco conocimiento, sino que también perpetúa un ciclo de pobreza y desesperanza. Aquellos que no ven los resultados prometidos en sus vidas, comienzan a cuestionar su propia fe, llegando a creer que Dios los ha abandonado o que no son lo suficientemente buenos para recibir sus bendiciones.

Esta falacia es una trampa espiritual que mantiene a las personas alejadas del verdadero poder del Evangelio.

El Enriquecimiento de la Industria Espiritual

Mientras tanto, algunos falsos líderes religiosos se enriquecen a costas de sus congregaciones. En muchas ocasiones, los enormes ingresos que obtienen a través de ofrendas, diezmos y donaciones son utilizados para sus propios beneficios personales.

Han construido imperios religiosos, viven en mansiones, conducen autos lujosos y llevan estilos de vida extravagantes, mientras aquellos a quienes supuestamente sirven continúan luchando arduamente por sobrevivir.

Es increíble la cantidad de miembros de estas congregaciones que no tienen ni siquiera para cubrir sus necesidades básicas, o al menos para enviar a sus hijos a la escuela con los útiles necesarios, mientras fielmente se despojan del poco fruto de su arduo trabajo, alimentados por frases como: *"Dios proveerá" o "siembra para que puedas cosechar"*.

Estas frases provienen de personas que, conociendo las necesidades de sus miembros, solo les ofrecen orar por ellos y no son capaces de convertirse en la respuesta a esa oración, con tan solo meter la mano en sus bolsillos.

Esto no solo es una injusticia, sino que también es una traición al verdadero propósito de la iglesia. La iglesia, como institución, fue diseñada para ser un refugio para los quebrantados, un lugar de verdad y amor donde la gracia de Dios pudiera fluir libremente y transformar vidas. Sin embargo, muchos de estos líderes han convertido la iglesia en un negocio lucrativo, donde las almas se comercializan y la verdad es suprimida en favor de la ganancia personal.

Al igual que los esclavistas del pasado, estos líderes religiosos utilizan la ignorancia como herramienta de control. No quieren que sus congregantes lean la Biblia por sí mismos ni que busquen una relación personal con Dios, fuera de las paredes de la iglesia. En su lugar, los mantienen dependientes de sus enseñanzas y de sus sistemas, diciéndoles qué pensar, cómo actuar y cuánto dar. El resultado es una comunidad de creyentes que están espiritualmente esclavizados, incapaces de experimentar la libertad y la plenitud que Dios quiere para ellos.

La Verdad del Evangelio la Libertad que Proviene del Conocimiento

Es crucial que los creyentes se liberen del engaño y busquen la verdad por sí mismos. No podemos confiar ciegamente en cualquier persona que se autoproclame líder espiritual. Es vital leer la Biblia, orar y buscar a Dios de manera personal. La iglesia no debe ser un lugar de control o manipulación, sino un lugar de crecimiento, donde la gracia de Dios se predica en toda su pureza y donde los creyentes son empoderados para vivir en libertad.

La verdadera iglesia no está interesada en el enriquecimiento material, sino en el crecimiento espiritual. No se trata de cuántas ofrendas puedes dar o a cuántos eventos puedes asistir, sino de cuán profundamente has permitido que el Evangelio transforme tu vida. La gracia de Dios no está condicionada por tus posesiones ni por lo que puedes ofrecerle. En cambio, está basada en el sacrificio de Cristo y su amor incondicional hacia la humanidad.

Así como Frederick Douglass encontró su libertad a través del conocimiento, la libertad espiritual solo puede encontrarse al conocer la verdad del Evangelio. El mensaje de Cristo no es uno de manipulación o control, sino de liberación.

VENCEDOR Intencional

 *"Y conoceréis la verdad, y la verdad os hará libres".*

Esta libertad no tiene precio, no puede comprarse ni venderse. Es un regalo que está disponible para todos aquellos que buscan a Dios de todo corazón.

Un Tesoro Espiritual Destruido

El daño que muchos de estos lobos disfrazados de ovejas, llamados "pastores", han causado a la iglesia, es incalculable. Han manchado el nombre de Cristo al convertir su mensaje en un negocio. Han robado la esperanza de muchas personas, llenándolas de culpa y confusión, y han reducido la iglesia a un espectáculo que no ofrece verdadera transformación.

Sin embargo, siempre hay esperanza. La historia de Frederick Douglass nos enseña que la libertad es posible, incluso en las circunstancias más oscuras. Al igual que Douglass rompió las cadenas de la esclavitud a través del conocimiento, hoy muchos creyentes pueden liberarse del engaño espiritual al buscar la verdad del Evangelio por sí mismos. Cristo no vino para enriquecerse a costas de otros, vino a dar su vida para que todos podamos ser libres.

Es hora de que la iglesia vuelva a su verdadero propósito. Es tiempo de que los creyentes sean liberados de las cadenas de la manipulación y la ignorancia, y se aferren a la verdad que transforma y libera. Para alcanzar esto, los pastores tienen que volver a ser pastores y dejar de ser empresarios espirituales.

¿Y cómo creerán en aquel de quien no han oído?
¿Y cómo oirán sin haber quien les predique?
¿Y cómo predicarán si no fueren enviados?

Como está escrito:

> *"¡Cuán hermosos son los pies de los que anuncian la paz, de los que anuncian buenas nuevas!"*

Porque solo cuando conocemos la verdad podemos experimentar la gracia de Dios en toda su plenitud.

> *"Y conoceréis la verdad, y la verdad os hará libres."*

Hay Libertad en la Sabiduría

¿Qué ocurriría si comprendieras que posees el poder de esculpir tu propio destino?

La fe, esa chispa divina, ilumina la visión del éxito en nuestro interior mucho antes de que se manifieste en el mundo tangible. Es una brújula interior que nos orienta hacia oportunidades que otros podrían ignorar. Visualízate como un artista que, frente a un lienzo en blanco, ya vislumbra la obra maestra que creará antes de siquiera tomar el pincel. Esa anticipación, esa certeza interna, es el principio de toda creación exitosa.

Vivimos en una era donde, paradójicamente, hay más iglesias y religiones, pero menos fe genuina. La fe, en muchos casos, ha sido cooptada por sistemas que priorizan el bienestar material. No se trata de estar en contra de la prosperidad, sino de reconocer que la verdadera fe trasciende lo físico.

Al igual que en su tiempo se negaba a Frederick Douglass el acceso a la educación, hoy el conocimiento profundo sobre la fe es limitado en algunos entornos religiosos, donde prevalece el miedo a la libertad que surge del entendimiento. Esta libertad desafiaría el statu quo, poniendo en riesgo estructuras financieras basadas en la dependencia espiritual.

Pero la fe auténtica es la que proyecta nuestro éxito desde adentro, la que nos permite sentirlo como una realidad inevitable antes de que se concrete en el exterior. Es la guía en un mundo saturado de distracciones y dogmas.

Sintonizar con nuestra sabiduría interna requiere confiar en la intuición, esa suave pero insistente voz interior que trasciende la lógica. La intuición es nuestra conexión con una fuente de conocimiento superior que nos guía cuando la razón se agota. Aquellos presentimientos que se han materializado en nuestra vida son el resultado de una profunda conexión espiritual con nuestro subconsciente. Esta brújula interna nos vincula con verdades que superan lo evidente, llevándonos por senderos inesperados. La fe, entonces, se convierte en un sentido superior que expande nuestras percepciones más allá de los límites de los sentidos físicos, permitiéndonos interactuar con el mundo de manera más enriquecedora y profunda.

La verdadera sabiduría no consiste en acumular información, sino en expandir nuestra conciencia y vivir de manera intencional, conectados con nuestra esencia espiritual. La grandeza del ser humano reside en la capacidad de trascender las limitaciones del pensamiento racional y acceder a un nivel de conciencia elevado, un espacio donde la creatividad fluye sin restricciones y donde nuestro potencial se revela plenamente.

Al sincronizar nuestra mente subconsciente con lo divino, nuestros sentidos internos se transforman en antenas invisibles que perciben realidades más allá de lo físico. Solo a través de la fe podemos modificar y moldear la realidad, convirtiéndonos en escultores de nuestro propio destino.

Este capítulo destaca el poder transformador de la sabiduría interior, la inteligencia emocional y la intencionalidad. Nos enseña que la fe no solo es una fuerza espiritual, sino una herramienta para expandir nuestras percepciones, conectarnos con lo divino y manifestar nuestros sueños. Al abrazar esta verdad, adquirimos la capacidad de navegar por la vida con propósito, discerniendo entre las distracciones externas y las verdades profundas que nos guían hacia la plenitud.

>  *"Nuestros sentidos internos nos permiten sintonizar con el mundo espiritual y utilizarlos para manifestar nuestros deseos más profundos en el mundo físico."*

La Causa de la Esterilidad Emocional

Cuenta una historia que un súbdito del rey trabajaba en el campo, y solía hacerlo por largas horas sin quejarse de su estilo de vida ni del trabajo que le había sido asignado desde su niñez.

Cada vez que el rey visitaba el campo, se sorprendía al ver cómo, a diferencia de los otros trabajadores, este súbdito mostraba un carisma y una alegría extraordinaria, que deslumbraban el lugar donde estaba. Siempre, con alegría, entonaba canciones de gratitud que brindaban esperanza a todos aquellos que lo escuchaban.

Con el tiempo, como era de esperarse, esto causó intriga y despertó el interés del rey. Fue entonces cuando le preguntó a uno de sus consejeros, cómo era posible que uno de los súbditos de su reino, que tenía tan poco, fuera sin duda el hombre más feliz de todo el reino. Y se preguntó por qué ese hombre era más feliz que él. Y deseó ser más feliz que ese hombre.

El consejero respondió a la inquietud y petición del rey de la siguiente manera: le sugirió que, si quería ser más feliz que ese hombre, le regalara cien monedas de oro.

El rey, inicialmente confundido, pensó que, con las cien monedas de oro, lograría que la próxima vez que viera al hombre, este tendría una razón para agradecerle y atribuirle los méritos de su felicidad. Sin embargo, el consejero le dijo que, en lugar de las cien monedas, solo colocara noventa y nueve en la bolsa.

Cuando el campesino recibió la bolsa con las monedas de parte del rey, junto con una nota que llevaba el sello real, diciendo que el rey le había premiado con cien monedas de oro por su lealtad y arduo trabajo, su alegría se multiplicó por cien.

Al llegar a su casa, con entusiasmo comenzó a contemplar y contar las monedas, repitiendo el proceso una y otra vez hasta el cansancio. Sin embargo, cada vez que las contaba, su alegría y sonrisa desaparecían, como el color de la ropa que había usado durante más de 20 años por el arduo trabajo en el campo.

Salió a buscar por todos lados en el campo, pensando que tal vez, al tropezar, la moneda número cien se había salido de la bolsa, o que su vecino se la había robado, o quizás se había extraviado en la casa.

El hombre dejó de comer, de dormir y de sonreír, pues estaba obsesionado con encontrar la moneda que le faltaba. Las canciones que antes llenaban la aldea de esperanza, cesaron, y su mente nunca más se recuperó de esa pérdida. Se volvió estéril emocionalmente, olvidando todo lo que aún tenía y cambiándolo todo por solo una moneda de oro.

"No existen atajos en la formación de las emociones y el desarrollo del carácter"

MIGUEL CALZADO

Superando la Esterilidad Emocional e Intelectual

La infertilidad es el término médico que se refiere a la imposibilidad de lograr un embarazo a pesar de tener intimidad. Todos los seres vivos, nacen, crecen, se reproducen y mueren. A este proceso se le denomina Ciclo de Vida. Esta ley también se aplica a nuestra mente, la cual está diseñada a ser productiva y a desarrollar las ideas que surgen desde nuestro subconsciente.

La esterilidad emocional, es causada por la ausencia de personalidad y autoestima en una persona. Se manifiesta a través del apego y la dependencia de una relación, un ambiente físico, trabajo o negocio. Permanecer en un lugar donde no recibes lo que mereces es una muestra de falta de amor propio, y un grave estado de esterilidad emocional.

La esterilidad emocional e intelectual se desarrolla cuando un individuo descuida su felicidad al no valorar lo que tiene, y se enfoca en lo que cree que le hace falta. En lugar de apreciar los dones y bendiciones que ya posee, se enreda en la búsqueda constante de algo más, algo externo que piensa que llenará su vacío.

Este ciclo, sin fin aparente, lo aleja de su propósito y bloquea su capacidad para crear, crecer y experimentar una verdadera realización.

Cuando dejamos de valorar lo que ya está en nuestras manos, nuestra mente comienza a cerrarse.

 *"La gratitud es el motor de la creatividad y la felicidad."*.

Al enfocarnos en lo que creemos que nos falta, debilitamos nuestra capacidad de generar ideas, de encontrar soluciones y de desarrollar una vida plena y productiva. Esto conduce a una esterilidad emocional, donde el corazón se endurece y la capacidad de conectarse profundamente con los demás, e incluso con uno mismo, se va desvaneciendo.

La Inmoralidad: Causa de la Esterilidad Intelectual y Emocional

Un aspecto particularmente destructivo de la esterilidad emocional e intelectual proviene de la inmoralidad sexual. La búsqueda de placeres inmorales desvía la energía mental y emocional que debería invertirse en desarrollar nuevas ideas, relaciones saludables y un crecimiento personal intencional.

Cuando alguien se entrega a este tipo de placeres, su enfoque cambia de la construcción de algo duradero y profundo a la satisfacción temporal, lo que resulta en un vacío más profundo.

La inmoralidad sexual no solo desgasta la integridad moral, sino que también bloquea la capacidad de conectar con las verdades más profundas que Dios ha plantado dentro de cada uno de nosotros. La mente se distrae con deseos fugaces, y la creatividad y la inteligencia que antes fluían se secan.

El resultado es una mente estéril, es una mente que ya no produce ideas valiosas, que se encuentra atrapada en ciclos repetitivos de placer vacío y se aleja del verdadero propósito.

La Irresponsabilidad: El Desgaste de las Buenas Intenciones

Otro factor que contribuye a la esterilidad emocional es la irresponsabilidad. Cuando permitimos que nuestras responsabilidades se descuiden, aunque nuestras intenciones puedan ser buenas, se genera un desgaste en nuestra capacidad de acción.

Las personas irresponsables pierden el enfoque, sus esfuerzos se dispersan, y finalmente, las buenas ideas y deseos que alguna vez tuvieron se estancan.

 *"La irresponsabilidad convierte la mente en un terreno árido, incapaz de producir fruto."*

Una mente productiva requiere disciplina, estructura y una visión clara. Cuando la irresponsabilidad se apodera de nuestras acciones, evitamos enfrentar las realidades que nos rodean, y en lugar de construir, destruimos. El resultado es una vida carente de propósito, marcada por una falta de progreso y un profundo estancamiento emocional.

Cómo Superar Nuestros Traumas sin Descuidar la Felicidad

Para evitar la esterilidad emocional e intelectual, es fundamental enfrentarnos a nuestros traumas y superarlos. No podemos permitir que el pasado o las circunstancias difíciles dominen nuestro presente y futuro. Al sanar nuestras heridas, abrimos espacio en nuestra mente y corazón para nuevas ideas, nuevas experiencias y una mayor capacidad de amar y crecer.

No debemos descuidar nuestra felicidad. Al valorar lo que tenemos y enfocarnos en lo positivo, desbloqueamos nuestra capacidad de pensar creativamente y de desarrollar nuevas ideas. La clave está en vivir con gratitud y no permitir que las comparaciones o deseos vacíos nublen nuestra visión.

Es posible que la vida nos haya presentado desafíos difíciles, pero Dios nos ha dado una capacidad inmensa para superar y avanzar. No somos esclavos del pasado, ni de nuestros deseos bajos. Somos seres diseñados para crear, para construir, para dejar una huella profunda y significativa en este mundo.

Tres Puntos para Superar una Mente Estéril

1. Reconoce y sana tus heridas emocionales:

Para que tu mente sea productiva, debes sanar las heridas que la bloquean. Esto implica enfrentar traumas pasados, buscar la sanidad emocional a través de la oración, el apoyo de seres queridos o la consejería. Cuando te liberas del dolor emocional, creas espacio para que nuevas ideas y propósitos florezcan.

2. Sé intencional en tus pensamientos y acciones:

La intencionalidad es clave para superar la esterilidad intelectual. No puedes dejar que la vida simplemente suceda, debes tomar control de tus pensamientos y dirigir tus acciones hacia metas claras. Cada día, elige enfocarte en lo que quieres lograr y cómo puedes usar tus dones para servir a Dios y a los demás.

"Una mente disciplinada es una mente fértil."

3. Valora lo que ya tienes y enfócate en la gratitud:

El agradecimiento desbloquea una gran fuente de creatividad y productividad. Cuando empiezas a valorar lo que ya posees, tu perspectiva cambia, y dejas de buscar fuera lo que ya está dentro de ti. La gratitud te conecta con el propósito divino, y una mente agradecida es capaz de recibir y desarrollar las ideas que Dios ha sembrado.

Un Llamado a la Madurez Emocional

Al alcanzar la madurez emocional a través de la intencionalidad, te conviertes en un faro de luz para aquellos que aún están atrapados en la esterilidad emocional y espiritual. Dios te llama a ayudar a los que están perdidos en ciclos de irresponsabilidad, inmoralidad y falta de dirección.

Tu crecimiento no es solo para ti, sino para servir a otros y guiarlos hacia el propósito que Dios tiene para sus vidas.

Ayuda a aquellos que luchan, sé un ejemplo de lo que significa vivir con propósito, y siempre mantén tu mirada en lo alto.

Recuerda: "tu vida, cuando está alineada con Dios, es un campo fértil para las ideas y los propósitos que Él ha puesto dentro de ti."

Nunca olvides el poder que tienes para cambiar tu vida y la de otros al vivir con fe, intención y gratitud.

Aprende a Cómo Cortar las Raíces que Detienen el desarrollo de Tus sueños

1. Busca pruebas de tus éxitos pasados:

- **Identifica las creencias limitantes:**

    Pregúntate qué pensamientos te impiden avanzar. Pueden ser creencias sobre tus capacidades, el miedo al fracaso o el temor a la opinión de los demás. Escríbelos y examínalos.

- **Replantea esos pensamientos:**

    Una vez identificados, comienza a desafiarlos. Si crees que no eres lo suficientemente bueno, ¿en qué te basas?

- **Crea un plan con pasos pequeños:**

    Desarrollar tus sueños puede parecer abrumador si lo ves todo de golpe. Divide tus objetivos en pasos alcanzables. Cada pequeño avance te acercará a tu meta.

- **Rodéate de apoyo:**

    Busca personas que crean en ti y te impulsen hacia adelante. A veces necesitamos perspectivas externas para ver nuestro verdadero potencial.

2. Superar la tristeza de decepciones y rupturas del pasado:

    - **Permítete sentir y procesar:**

        Es importante reconocer y sentir la tristeza para poder superarla. Suprimirla solo la prolonga. Escribe, habla con alguien o busca terapia si es necesario.

    - **Aprende de las experiencias pasadas:**

        Las decepciones y rupturas nos enseñan lecciones valiosas sobre nosotros mismos y nuestras relaciones. Reflexiona sobre lo que has aprendido y cómo puedes crecer a partir de eso.

    - **Deja ir lo que no puedes cambiar:**

        El pasado no puede ser modificado, pero puedes decidir cómo te afecta en el presente. Aceptar esto te ayudará a dejar de cargar con resentimientos o culpas.

3. Superar las sugestiones y ser intencional:

    - **Controla la información que consumes:**

        Las sugestiones suelen venir de fuentes externas (*noticias, redes sociales, opiniones ajenas*). Sé selectivo con la información que consumes y rodéate de estímulos positivos.

- **Practica la conciencia plena:**

  Tómate un momento cada día para estar presente. Esto te ayudará a ser más intencional con tus pensamientos y decisiones. La meditación o la escritura reflexiva son herramientas útiles.

- **Define tus valores y metas:**

  Cuando tienes claridad sobre lo que es importante para ti, es más fácil actuar con intención. Establece metas claras y revisa regularmente si tus acciones están alineadas con ellas.

Todo esto es parte de un proceso. Con dedicación y autocompasión, es posible liberar esas cargas del pasado y avanzar hacia un futuro con mayor claridad y propósito.

NO Fornicar
NO adulterar

Por lo general, encerramos este mandato en un ámbito religioso, encapsulándolo únicamente en el vehículo que nos lleva al cielo. Aunque es cierto que es imprescindible guardar tu cuerpo para Dios, me gustaría que salgamos un momento de la cápsula religiosa, donde han calificado este mandato con el único beneficio de ir al cielo.

>  *"No des a las mujeres tu fuerza, ni tus caminos a lo que destruye a los reyes."*

Esto se refiere a que NO entregues tu fuerza (*tu semen*) o tu semilla a las mujeres, porque ellas tienen la capacidad de destruir reyes, acabar con propósitos y destruir imperios.

Por esa razón, Dios enfatiza tanto esta parte. Apartarse de la fornicación y el adulterio no tiene que ver solo con la salvación; Él está interesado en que alcancemos nuestro máximo potencial.

"Cuando el hombre logra controlar su estómago, su deseo sexual y sus emociones, entonces alcanzará su máximo potencial físico, mental y económico".

Dios está interesado en que alcancemos la felicidad a través del conocimiento de nuestro propósito. Por eso instituyó el matrimonio. Solo tu esposa o esposo, que esté espiritual y emocionalmente conectado con Dios y contigo, tiene las mejores intenciones de ayudarte a alcanzar tu propósito en Dios.

Una Inspección Intencional

Hoy en día, escuchamos frecuentemente hablar de amor propio, empoderamiento, buenas energías y otros conceptos que suenan agradables y sirven como motivación e inspiración. Sin embargo, en muchos casos, estos temas solo se utilizan como contenido para redes sociales. La comunicación es una herramienta universal que trabaja de forma efectiva y promueve relaciones saludables.

Es también un arte que nos permite crear fuertes lazos y resolver conflictos. Definitivamente, es la habilidad más poderosa y eficiente que todos poseemos.

La comunicación, cuando se adopta como una disciplina habitual, nos permite evaluar el rendimiento de un individuo o de un equipo con márgenes mínimos de errores. Es útil para enseñar, dirigir y persuadir. Los grandes líderes a menudo la utilizan como una herramienta para guiar a otros, y sus palabras son como luz en medio de la más densa oscuridad.

Sin embargo, cuando las cortinas bajan, las luces se apagan y los aplausos cesan; cuando nos despojamos de nuestra armadura y dejamos de lado los logros y títulos alcanzados, cuando ya no escuchamos la adulación ni las palabras de admiración, en ese momento en que nadie nos ve, en que no podemos aparentar ser otra persona, donde nuestras faltas están al descubierto y todas las apariencias de ser buenos desaparecen, es cuando necesitamos hacer una inspección interna de nuestros pensamientos y acciones, para descubrir si somos lo que decimos ser, en lugar de simplemente decir lo que somos. (TEkeL)

"Pesado has sido en balanza, y fuiste hallado falto."

Una inspección interna nos hará entender varias cosas. Por ejemplo, en mi experiencia personal, lo primero que entendí es que no tengo que esperar nada de nadie, y que, de igual manera, nadie está obligado a hacer nada por mí.

Cuando reaccionamos de manera desfavorable porque las personas no actúan, no dicen o no hacen lo que queremos, esto no tiene nada que ver con el comportamiento de quienes pensamos que nos han ofendido. La verdad es que nuestra reacción ante cualquier situación que consideramos desagradable se debe a traumas que hemos guardado durante nuestra vida y que están alojados en nuestro subconsciente.

VENCEDOR Intencional

Realizar una autoevaluación interna sobre tu comportamiento y cómo te perciben los demás, en comparación con cómo te ves a ti mismo en privado, puede ser un proceso muy útil para el crecimiento personal. Aquí hay algunos pasos que puedes seguir:

1. **Reflexiona sobre tus valores y creencias:**

   Escribe tus valores:

   Anota cuáles son los principios que guían tu vida.

   Identifica creencias:

   Reflexiona sobre las creencias que tienes sobre ti mismo y tu lugar en el mundo.

2. **Observa tu comportamiento en diferentes contextos:**

   Interacciones sociales:

   Piensa en cómo te comportas en situaciones sociales.

   ¿Eres extrovertido o introvertido?

   ¿Cómo reaccionas ante las críticas?

   Comportamiento privado:

   Examina cómo te comportas cuando estás solo.

   ¿Eres más crítico contigo mismo?

   ¿Te permites ser vulnerable?

3. **Recibe retroalimentación de otros:**

   Pide opiniones:

   Habla con amigos cercanos o familiares sobre cómo te perciben. Pregunta específicamente sobre tus fortalezas y áreas de mejora.

   Escucha activamente:

   Asegúrate de estar abierto a recibir la crítica constructiva.

4. **Compara las percepciones:**

   Haz una lista:

   Anota las diferencias entre cómo te ves a ti mismo y cómo piensas que te ven los demás.

   Identifica patrones:

   Busca patrones en tu comportamiento que puedan explicar estas diferencias.

5. **Reflexiona sobre las emociones:**

   Registra tus emociones:

   Lleva un diario emocional en el que anotes cómo te sientes en diversas situaciones.

   ¿Notas alguna discrepancia entre tus emociones internas y tu comportamiento *externo*?

   Analiza desencadenantes:

   Identifica las situaciones o personas que provocan reacciones emocionales intensas en ti.

6. **Establece metas de mejora:**

   Define objetivos:

   Basándote en tu autoevaluación, establece metas específicas para mejorar tu comportamiento o tu autopercepción.

   Crea un plan:

   Desarrolla un plan de acción que te ayude a alcanzar estas metas. Incluye pasos concretos y plazos realistas para medir tu progreso.

7. **Practica la autocompasión:**

    Sé amable contigo mismo:

    Reconoce que todos tienen áreas de crecimiento. Practica la autocompasión y evita ser demasiado crítico contigo mismo, permitiéndote aprender y mejorar sin caer en el perfeccionismo

8. **Revisa y ajusta:**

    Evalúa tu progreso:

    Programa revisiones periódicas para reflexionar sobre cómo te sientes respecto a tus metas. Observa si has notado cambios en tu comportamiento o autopercepción.

9. **Ajusta según sea necesario:**

    No temas modificar tus metas y estrategias a medida que avanzas. Este proceso puede ser desafiante, pero con el tiempo te ayudará a comprenderte mejor y a mejorar tanto en el ámbito personal como en tus relaciones con los demás.

Nuestra inspección interna debe promover la inteligencia y la madurez emocional, a tal grado que nos permita ver la vida a través de la humildad del espíritu. El ego es la mayor muestra de dolor y baja autoestima que puede exhibir un individuo.

El uso efectivo de la comunicación nos ayudará a ser mejores y a evaluar nuestras vidas y pensamientos. La autoevaluación o inspección interna nos ayuda a morir al "*yo*", a la creencia de que somos merecedores de algo, así como a la arrogancia y la perversidad. De igual manera, incrementa el agradecimiento y la generosidad, y la combinación de estos dos últimos es la mayor muestra de que el amor ha llegado a tu corazón.

Cuando aprendas a vivir bajo estos principios, descubrirás una felicidad irrevocable y aprenderás a deshacerte de tus traumas. Tal vez durante un largo tiempo no sepas quién eres, pero al quitarte el disfraz estarás felizmente convencido de saber lo que ya no eres. Muchas veces, morir y dejar de ser es la manera más maravillosa de empezar a vivir con amor, felicidad y plenitud.

¿Alguna vez has sentido una conexión especial con tu yo interno, como si fuera una persona extraña viviendo dentro de ti?

No es casualidad; estamos internamente sumergidos en un océano de eventos del pasado que nos hacen ver nuestras partes más rotas y sufridas a través de nuestras reacciones. Al igual que las olas del mar generan energía, los traumas también producen una energía que nos rodea y conecta de manera inconsciente con el dolor no sanado.

Sin embargo, al sintonizarnos con este dolor del pasado, podemos aprovechar su poder para sanar, transformar nuestras vidas y evolucionar el funcionamiento de nuestros sentidos internos.

A medida que el dolor nos muestra nuestras debilidades, nuestra conexión espiritual y nuestros sentidos se vuelven más agudos y refinados. Imagina poder percibir la esencia espiritual de todo lo que te rodea, desde los árboles y las flores hasta los animales y las personas. Con el tiempo, comenzarás a sentir la energía sutil que emana de cada ser vivo y comprenderás la gratitud a través de los mensajes que la naturaleza te muestra.

La libertad espiritual que nos enseña el dolor nos permite encontrar nuestra propia paz sin depender de la opinión de los demás. Esta libertad llena espacios en nuestro corazón que nunca antes habíamos imaginado. Nos ayuda a identificar y dominar el origen de nuestros impulsos emocionales, y, como resultado, dejamos de maltratar a las personas que se cruzan en nuestro camino.

Aprende A Decir No

Decir "*no*" es una herramienta poderosa que nos permite establecer límites saludables en nuestras vidas. A menudo nos sentimos presionados a complacer a los demás, seguir expectativas ajenas o cumplir con roles que no resuenan con nuestra verdadera esencia. Sin embargo, decir "*no*" nos invita a reconocer y honrar nuestras propias necesidades y deseos.

Al aprender a decir "*no*" de manera intencional, liberamos espacio en nuestras vidas para lo que realmente importa. Esto no solo fortalece nuestra autoestima, sino que también alimenta nuestro subconsciente con la creencia de que tenemos derecho a elegir lo que es mejor para nosotros.

Cada vez que afirmamos nuestras decisiones, reprogramamos nuestra mente para alinearla con nuestra autenticidad. Al empoderarnos con el "*no*", nos liberamos de la carga de la aprobación externa, lo que nos permite vivir con mayor autenticidad y paz interior. La conexión con nuestro ser interior se fortalece, y comenzamos a actuar desde un lugar de confianza en nosotros mismos, en lugar de sentir la necesidad de complacer a los demás.

En resumen, decir "*no*" es un acto de amor propio y una afirmación de nuestra individualidad. Al integrar esta práctica en nuestra vida diaria, no solo fortalecemos nuestro subconsciente, sino que también creamos un entorno en el que podemos florecer verdaderamente, viviendo de acuerdo con nuestras propias intenciones y deseos.

Al concluir este material, me gustaría compartir las herramientas que han traído mayores beneficios a mi vida.

Reconoce que tienes derecho a decir "no"

El derecho a decir "*no*" es un aspecto fundamental de la autonomía y la dignidad humana. Este derecho implica que cada individuo tiene la libertad de establecer límites y tomar decisiones que reflejen sus propias necesidades, valores y deseos. Decir "*no*" no solo es un acto de defensa personal, sino también una afirmación de nuestro derecho a elegir cómo queremos ser tratados y qué compromisos estamos dispuestos a asumir.

Este derecho es crucial en diversas áreas de la vida, desde las relaciones personales hasta el ámbito laboral. Al ejercerlo, promovemos la salud emocional y mental, ya que nos permite evitar situaciones incómodas, perjudiciales o que no estén alineadas con nuestras convicciones. Además, al decir "*no*", fomentamos relaciones más saludables y genuinas, donde ambas partes respetan sus límites y necesidades.

Reconocer y respetar el derecho a decir "*no*" también es esencial para el crecimiento personal. Nos empodera para tomar decisiones conscientes, priorizar nuestro bienestar y vivir de acuerdo con nuestra propia verdad, en lugar de ceder a la presión externa. En última instancia, este derecho es un pilar de la autoestima y la autoconfianza, permitiéndonos construir una vida que refleje quiénes somos realmente.

Este es un paso esencial para liberarnos de la culpa. Empieza a aceptar que todos los seres humanos tenemos derechos, y uno de ellos es poder decir "no". Por lo tanto, esto no te convierte en egoísta, mala persona o irresponsable.

En mi experiencia personal, me costó mucho entender y aceptar el compromiso que tenía de cuidar y sanar a mi roto e inseguro yo interno. Tenía tanto miedo a la soledad que, a menudo, sacrificaba todo solo por mantener compañías pasajeras, aceptando complacer a personas sin dar importancia a mis prioridades y sueños, e ignorando por completo la voz de mi subconsciente.

Sin embargo, una vez que aprendí a vivir una vida intencional, pude ver todo de una manera diferente. Ya no me importaban las reacciones de las personas que no estaban de acuerdo con mis decisiones, y comprendí que la única persona a quien tengo el compromiso de hacer feliz es a mí mismo.

Comparo mi vida con un juego de billar; para aquellos que conocen el juego, saben que las bolas en la mesa se diferencian por su color y estilo. No importa si un jugador accidentalmente golpea una bola y le da puntos a su oponente, ni cuántas veces esto pueda suceder. Sin embargo, hay una bola en particular (*la número 8*) que es diferente a todas las demás: su color es sólido, es distinguible, y si cae antes de que todas las otras estén abajo, el juego concluye inmediatamente. Tú eres el número 8.

"Si caes, todo en tu vida y a tu alrededor se terminará".

Por eso, crear una lista de situaciones en las que no lograste decir 'no' puede ser un ejercicio valioso para identificar patrones y trabajar en el asertividad, apoyando así a tu subconsciente y animándote a reconocer tu valor. A continuación, te dejo un enfoque paso a paso para ayudarte a elaborar esta lista:

1. **Reflexiona sobre Experiencias Pasadas:**

Tómate un momento para pensar en momentos recientes en los que te hayas sentido incómodo al decir "no". Pregúntate:

- ¿Qué sucedió?
- ¿Quién estaba involucrado?
- ¿Cómo te sentiste después?

2. **Identifica contextos comunes:**

Haciendo una lista de situaciones en las que te resulta difícil decir "*no*". Algunas categorías pueden incluir:

- Tus relaciones personales:

  Por ejemplo, cuando un amigo pide ayuda con un proyecto y sientes que no tienes tiempo.

- Tu lugar de trabajo:

  Ocurre cuando tu jefe te pide que asumas una tarea adicional, aunque ya tengas otras responsabilidades.

- Actividades sociales o compromisos:

4. **Como cuando te invitan a una fiesta a la que no quieres ir, y sientes que** debes asistir para que nadie se sienta ofendido.

- Compromisos familiares:

  Por ejemplo, cuando un familiar te pide que lo cuides, aunque ya tengas otros planes.

3. **Evalúa tus sentimientos:**

Es muy importante que evalúes tus sentimientos en cada situación. Escribe cómo te sentiste al no poder decir "*no*". Esto puede incluir sentimientos de culpa, ansiedad, resentimiento o presión.

Por ejemplo: Considera las consecuencias de no haber dicho "*no*" en cada caso.

- ¿Te sentiste abrumado?
- ¿Perdiste tiempo valioso?
- ¿Tuviste conflictos en tus relaciones?
- **Revisa y prioriza:**

  Cuando tengas tu lista, revisa las situaciones y prioriza aquellas que te causan más estrés. Esto te ayudará a enfocarte en trabajar en ellas primero.

VENCEDOR Intencional

- **Planifica estrategias:**

    Para cada situación difícil, piensa en estrategias específicas que podrías utilizar para decir "no" en el futuro. Esto puede incluir practicar respuestas, establecer límites claros o buscar apoyo de amigos.

Este ejercicio te ayudará a identificar patrones y a mejorar tu capacidad para decir 'no', promoviendo así tu bienestar y equilibrio personal. Recuerda, es imposible agradar a todo el mundo; los desacuerdos y conflictos entre las personas son inevitables, y eso no está mal.

Esto simplemente significa que cada persona es única y diferente. Por lo tanto, evita complacer a los demás sacrificando tus prioridades, porque el único perjudicado serás tú mismo.

Es normal que al principio te sientas como un patán, pero debes aprender a lidiar con la ansiedad como parte del proceso. Es natural que al principio experimentes malestar por negarte a complacer a los demás. Sin embargo, no caigas en el error de decir 'sí' solo para evitar la incomodidad. En lugar de sentirte mal, reconoce que esa incomodidad es parte del proceso, y recuerda que, con la práctica, esa sensación disminuirá.

También es importante reconocer que no puedes con todo ni eres un genio de la lámpara. Hazlo por tu propio bien; ser incapaz de decir 'no' significa vivir tu vida en segundo plano, dedicando gran parte de tu tiempo a satisfacer las demandas de los demás.

Esto no solo es absurdo, sino que también puede ser física y económicamente costoso. Por lo tanto, lo ideal es establecer prioridades. Además, sé consciente de que el apoyo que deseas brindar debe ser una decisión propia, libre y sin presión. Es posible ser solidario, generoso y cooperador sin tener que decir 'sí' a todo el mundo.

Sin hacer excepciones, siempre presta atención cuando alguien te pida un favor. Es fundamental que te tomes un momento para verificar cómo te sientes. Si te estresas, te desanimas o te sientes cansado de antemano, probablemente sabrás reconocer si realmente estás dispuesto a ayudar o no. Si no sientes ninguna dificultad y te complace hacerlo, entonces no hay problema en decir 'sí'.

Por el contrario, si realmente no puedes o no deseas hacerlo, lo ideal es que seas firme y te niegues rotundamente, sin importar la opinión que el otro pueda tener de ti. Recuerda que, al hacerlo, estás evitando una molestia mayor en tu subconsciente.

Si no estás seguro, tómate un tiempo para pensarlo. No es tu obligación dar una respuesta inmediata. Si tienes dudas sobre tu capacidad para ayudar, es válido que te tomes un momento para decidir. Comprometerte y luego darte cuenta de que no tienes suficiente tiempo solo te causará mayor malestar. En estos casos, puedes decir que responderás cuando estés seguro de poder colaborar.

Evita las ambigüedades y procura siempre dar respuestas simples, directas y sin dejar abierta la posibilidad de un 'sí' en el futuro. Si ya es difícil decir "*no*", imagina tener que decirlo varias veces. Además, evita las excusas o explicaciones extensas. Cuantos más argumentos des, más oportunidades tendrán los demás para rebatir y hacerte creer que sus motivos son más importantes que los tuyos. Las sugerencias en estos casos son muy comunes, y recuerda que no necesitas justificar tu postura más de lo necesario.

Cuando digas "*no*", acompáñalo con una afirmación breve y clara. Por ejemplo: 'No puedo asumir esa tarea en este momento.' Esto refuerza tu decisión sin necesidad de dar largas explicaciones.

4. Practica Posibles Respuestas:

Para no ser tomado por sorpresa, puedes recrear situaciones incómodas en las que te pidan un favor y practicar tus respuestas en voz alta frente al espejo. Presta atención al tono de voz, a las palabras utilizadas y a tus gestos. Modifica lo que consideres necesario hasta que te sientas convincente y cómodo con tus respuestas.

Aquí tienes algunos tipos de respuestas que puedes practicar:

- **Empáticas:**

  Responde de una manera que te gustaría que te respondieran a ti.

  Ejemplo: *"Entiendo que necesitas ayuda, pero en este momento no puedo comprometerme"*.

- **Justificativas:**

  Explica por qué no puedes colaborar en este momento.

  Ejemplo: *"Actualmente tengo otros compromisos que debo atender, por lo que no puedo ayudar"*.

- **Positivas:**

  Expresa que te encantaría ayudar, pero que resulta imposible en esta ocasión.

  Ejemplo: *"Me encantaría poder ayudarte, pero en este momento no puedo"*.

- **Para Otra Ocasión:**

  Indica que ahora no es un buen momento, pero que podrías considerar ayudar en el futuro.

  Ejemplo: *"Lo siento mucho, pero ahora no es un buen momento. Tal vez pueda ayudarte en otro momento"*.

No olvides que decir 'no' sin sentir culpa es una forma efectiva de fortalecer tu confianza y autoestima. Además, ten en cuenta que eres una persona libre, con derecho a elegir lo que quieres hacer y lo que no.

Ponerte a ti mismo como prioridad no significa que seas una mala persona o que te vayan a rechazar. Al contrario, te convierte en alguien con criterio y personalidad. Comienza a ponerlo en práctica desde hoy y compruébalo por ti mismo.

No solo basta con ser firme en las palabras, sino también en el lenguaje no verbal. Algunos consejos para lograrlo son:

- Mira a los ojos a la persona con la que estás hablando.
- Evita cruzarte de brazos.
- No juegues con accesorios (*relojes, collares, etc.*).
- Mantén tus extremidades firmes y relajadas.

A lo largo de nuestras vidas, a menudo nos encontramos en situaciones donde las expectativas de los demás pueden abrumarnos. Sin embargo, al practicar el arte de decir "*no*", podemos liberarnos de la presión y el resentimiento que surgen al comprometer nuestros propios deseos y necesidades.

Esta habilidad nos permite priorizar lo que realmente importa y enfocarnos en nuestras metas y valores. Es importante recordar que decir "*no*" no significa rechazar a las personas o ser egoístas. Al contrario, es una forma de comunicar nuestras limitaciones y necesidades de manera clara y respetuosa. Al hacerlo, no solo cuidamos de nosotros mismos, sino que también fomentamos relaciones más auténticas y saludables, donde ambas partes pueden entender y valorar los límites del otro.

La práctica de decir "*no*" requiere valentía y autoconfianza. A medida que te sientas más cómodo estableciendo límites, descubrirás que este acto se convierte en un camino hacia el empoderamiento personal. Te animo a seguir desarrollando esta habilidad y a recordar que decir "*no*" es, en última instancia, una afirmación de tu derecho a vivir una vida que refleje tus verdaderos deseos y necesidades.

Sigue adelante, con la certeza de que cada vez que eliges lo que es mejor para ti, te acercas más a una vida equilibrada y auténtica.

> ¡Aprende a decir "no" con confianza
> y abraza el poder de priorizarte
> sin dolor!

CAPÍTULO XV

UNA MENTALIDAD DE REINO

«Los principios del Reino exigen que seamos personas de integridad y que busquemos la justicia.»

Una Mentalidad de Reino se fundamenta en los principios del Reino de Dios, donde la voluntad divina se manifiesta en la tierra tal como lo es en el cielo. Este concepto no es solo una idea abstracta, sino un llamado a vivir de acuerdo con los valores y normas que Dios ha establecido. En la oración que Jesús enseñó a sus discípulos, se expresa de manera clara:

> *"Venga tu reino; hágase tu voluntad, así en la tierra como en los cielos" (Mateo 6:10).*

VENCEDOR Intencional

Esta invocación nos invita a ser agentes activos en la realización del reino en nuestra vida diaria.

Principios del Reino de Dios

Para operar bajo las normas del Reino de Dios, es esencial comprender y aplicar ciertos principios:

1. **Amor y Servicio:**

   En el Reino de Dios, el amor es la base de todas las relaciones. Jesús nos enseñó a amar a nuestro prójimo como a nosotros mismos (*Mateo 22:39*). Este amor se traduce en servicio desinteresado hacia los demás, reflejando el corazón del Padre.

2. **Fe y Confianza:**

   La fe es fundamental para vivir en el Reino.

   Hebreos 11:1 nos dice que "la fe es la certeza de lo que se espera, la convicción de lo que no se ve".

   Al confiar en Dios y en sus promesas, nos alineamos con su propósito.

3. **Integridad y Justicia:**

   Los principios del Reino exigen que seamos personas de integridad y que busquemos la justicia. Miqueas 6:8 nos instruye a actuar con justicia, amar la misericordia y caminar humildemente con nuestro Dios.

4. **Generosidad:**

   En el Reino, la generosidad es una expresión de gratitud y confianza en Dios.

 *"Hay más felicidad en dar que en recibir"*

(Hechos 20:35) refleja la abundancia que se encuentra en compartir lo que tenemos.

Organización y Estructura del Reino

El Reino de Dios también tiene una estructura organizativa que nos guía en cómo debemos funcionar:

1. **La Autoridad de Cristo:**

   Jesús es el Rey y tiene toda autoridad en el cielo y en la tierra (Mateo 28:18). Reconocer su autoridad es esencial para operar en el Reino.

2. **La Comunidad de Creyentes:**

   La iglesia es el cuerpo de Cristo, un lugar donde los creyentes se reúnen para edificar y apoyarse mutuamente (1 Corintios 12:1227). La comunidad es fundamental para vivir los principios del Reino.

3. **El Rol del Espíritu Santo:**

   El Espíritu Santo guía, consuela y fortalece a los creyentes. Su dirección es vital para operar según la voluntad de Dios (Juan 16:13).

VENCEDOR Intencional

Vivir Intencionalmente en Diseño del Reino

Vivir una vida intencional es clave para alcanzar el éxito dentro de la mentalidad del Reino. La intencionalidad implica tomar decisiones conscientes que se alineen con los principios del Reino. Aquí hay algunas maneras en que esto se manifiesta:

1. **Definir Objetivos Espirituales:**

    Establecer metas que reflejen el corazón de Dios en nuestras vidas. Esto puede incluir crecer en la fe, servir en la comunidad y desarrollar relaciones saludables.

2. **Practicar la Disciplina:**

    La disciplina espiritual, como la oración, el estudio de la Biblia y la meditación, nos ayuda a mantenernos enfocados en lo que realmente importa. Proverbios 12:1 nos recuerda que:

     *"El que ama la disciplina ama el conocimiento".*

3. **Alinear Nuestros Deseos:**

    Cuando vivimos intencionalmente, comenzamos a alinear nuestros deseos con los de Dios. Romanos 12:2 nos exhorta a no conformarnos a este mundo, sino a ser transformados por la renovación de nuestra mente.

Nuestro subconsciente juega un papel crucial en cómo vivimos. Al nutrir nuestra mente con la verdad de la Palabra de Dios, comenzamos a programar nuestro subconsciente para que opere de acuerdo con los principios del Reino.

Cuando nuestros pensamientos y creencias se alinean con la voluntad de Dios, nuestras acciones reflejarán esa realidad.

Debemos efectuar una reprogramación mental. Por ejemplo, la meditación en las Escrituras y la oración nos ayudan a reemplazar pensamientos negativos o limitantes con verdades que nos empoderan, piensa en todo lo que es verdadero, noble y justo.

La Fortaleza Mental y Física

La fortaleza mental y física es fundamental para disfrutar de la vida y alcanzar el éxito. Un cuerpo débil disfruta poco; de hecho, nuestros cuerpos funcionan como reservorios de fuerza. Las actividades diarias, como comer y dormir, son formas de reponer esa energía y mantener el pensamiento activo.

El cuerpo es simplemente la herramienta que utiliza la mente. Si el cuerpo es débil, la energía de nuestros pensamientos puede malgastarse en resistir esa debilidad, convirtiendo a la mente en una trabajadora que lucha por realizar sus objetivos con una herramienta deficiente. Eventualmente, si no se atiende esta herramienta defectuosa, podría dañar o incluso destruir la capacidad de la mente.

El pensamiento consume energía, una fuerza hecha de sustancia invisible, incluso en lo que consideramos momentos de inactividad. Estamos trabajando y utilizando esta energía mientras realizamos acciones con el cuerpo. Si estás pensando en algo distinto, estás desperdiciando energía y dispersando tus pensamientos. Este concepto es aplicable a todos los aspectos de la vida.

Acciones que Influyen en la Mentalidad del Reino

La mentalidad del Reino de Dios se basa en principios espirituales que transforman nuestras vidas y nuestras acciones. Sin embargo, para que esta mentalidad se arraigue en nosotros, es necesario reconocer la influencia del subconsciente. Nuestras creencias, pensamientos y acciones se entrelazan, creando un ciclo que puede llevarnos a vivir de acuerdo con los valores del Reino o a alejarnos de ellos.

Este capítulo explora las acciones que pueden fortalecer nuestra mentalidad del Reino y cómo el poder del subconsciente juega un papel esencial en este proceso.

La Conexión Entre Acción y Mentalidad

Las acciones que tomamos son un reflejo de nuestras creencias internas. Cuando actuamos de acuerdo con los principios del Reino, comenzamos a reprogramar nuestro subconsciente. Por ejemplo, el acto de servir a los demás no solo beneficia a quienes reciben ayuda, sino que también fortalece nuestra identidad como hijos de Dios y promueve una mentalidad de amor y generosidad.

- **Acciones de Servicio:**

    Jesús nos enseñó que: *"El mayor en el Reino es el que sirve"* (Mateo 23:11). Al involucrarnos en actos de servicio, no solo obedecemos este principio, sino que también cultivamos una mentalidad de humildad y compasión. Estas acciones, repetidas a lo largo del tiempo, reprograman nuestras creencias sobre nuestra identidad y propósito en el mundo.

- **Prácticas de Generosidad:**

    La generosidad es una acción poderosa que refleja los valores del Reino. Cuando damos, ya sea tiempo, recursos o apoyo emocional, estamos alineando nuestra conducta con la naturaleza generosa de Dios.

>  *"El que es generoso prosperará; el que sacia a otros, él también será saciado".*

Esta práctica no solo transforma nuestra vida, sino también las de quienes nos rodean.

Conexión de la mente irracional con el Reino de Dios

El subconsciente es una parte poderosa de nuestra mente que influye en nuestras decisiones y comportamientos. Al llenar nuestra mente con las verdades del Reino, podemos cambiar nuestra forma de pensar y actuar. Aquí hay algunas acciones clave que podemos tomar para influir en nuestra mentalidad del Reino a través del subconsciente.

1. **Meditación y Reflexión:**

   La meditación en la Palabra de Dios es una práctica que alimenta tanto nuestra mente consciente como nuestro subconsciente. Reflexionar sobre versículos que hablan de nuestra identidad en Cristo, el amor y la gracia, nos ayuda a internalizar estos principios.

   > *"El hombre justo medita en la ley de Dios día y noche, y como resultado, será como un árbol plantado junto a corrientes de agua."*

2. **Repetición de Afirmaciones:**

   Las afirmaciones positivas basadas en la verdad bíblica pueden reprogramar nuestro subconsciente. Declaraciones como *"Soy amado"*, *"Estoy capacitado para servir"* y *"Vivo en abundancia"* ayudan a establecer una mentalidad del Reino. Al repetir estas afirmaciones, comenzamos a creer en ellas y a actuar en consecuencia.

3. **Visualización:**

La visualización es una técnica poderosa para alinear nuestra mente con la realidad del Reino. Al imaginar situaciones en las que actuamos con amor, generosidad y servicio, nuestro subconsciente comienza a aceptar estas imágenes como parte de nuestra identidad.

> *Filipenses 4:8 nos anima a "pensar en todo lo que es verdadero, honorable y justo".*

Lo cual se potencia aún más a través de la visualización.

Acciones que Transformaran Tu Mentalidad

Para que la mentalidad del Reino se convierta en una parte integral de nuestras vidas, debemos adoptar acciones intencionales que fomenten este cambio. A continuación, algunas prácticas que pueden ayudarnos en este proceso.

1. **Establecer Hábitos Espirituales:**

   Crear hábitos como la oración diaria, el estudio de las Escrituras y la participación en la comunidad de fe es fundamental. Estos hábitos alimentan nuestra mente y fortalecen nuestra conexión con Dios, lo que a su vez influye en nuestro subconsciente.

2. **Buscar la Comunidad:**

   La comunidad de creyentes juega un papel vital en nuestra transformación. Al rodearnos de personas que comparten una mentalidad del Reino, estamos constantemente expuestos a ideas y acciones que refuerzan nuestra fe. Hebreos 10:2425 nos exhorta a no dejar de reunirnos, sino a animarnos unos a otros.

3. Practicar el Perdón:

El perdón es una acción liberadora que transforma nuestro interior. Al practicar el perdón, no solo liberamos a los demás, sino que también sanamos nuestras propias heridas y liberamos nuestro subconsciente de cargas innecesarias.

En Conclusión

Recuerda que nuestra percepción de nosotros mismos ha sido, en muchos casos, influenciada por voces que erróneamente nos inculcaron una visión negativa. El objetivo de desarrollar una mentalidad de Reino es rechazar esas creencias y reconocer nuestro verdadero valor y potencial. Aquellos que tienen una imagen negativa de sí mismos inevitable mente actuarán conforme a esa percepción. Por ello, es crucial alinear nuestra mente y espíritu con la verdad de Dios para vivir plenamente en el propósito que Él tiene para nosotros.

CAPÍTULO FINAL

EL PODER DE UNA VIDA INTENCIONAL

«La clave está en dar ese primer paso, por pequeño que sea, y en mantener la fe en el proceso»

En este último capítulo, nos encontramos en el umbral de un nuevo comienzo, uno que nos invita a reflexionar sobre el poder transformador de nuestro subconsciente y la importancia de vivir de manera intencional. Vivir de manera intencional no es solo un concepto; es una forma de ser que nos permite tomar el control de nuestro destino, guiados por la fe en Dios y la convicción de que somos capaces de alcanzar nuestras metas más elevadas.

El Poder del Subconsciente

Cada uno de nosotros tiene un vasto océano de potencial dentro de nuestro subconsciente. Este poder latente puede moldear nuestra realidad, influir en nuestras decisiones y, en última instancia, definir quiénes somos. Al enfocarnos en pensamientos positivos y afirmaciones constructivas, comenzamos a reprogramar nuestra mente. Este proceso no es instantáneo; requiere tiempo, dedicación y, sobre todo, una intención clara.

Cuando nos rodeamos de positividad y rechazamos las sugestiones negativas, comenzamos a notar cambios en nuestra vida diaria. Cada pequeño paso que damos hacia la positividad alimenta nuestro subconsciente, y, con el tiempo, esos pensamientos se convierten en acciones que nos acercan a nuestros sueños.

Catalizador

La fe es un poderoso catalizador en el proceso de transformación. No solo se trata de creer en algo más grande que nosotros, sino de confiar en que somos guiados hacia un propósito divino. La fe nos da la fortaleza para enfrentar los desafíos y la claridad para ver más allá de las circunstancias inmediatas. Cuando ponemos nuestra confianza en Dios, nos liberamos de la carga de la duda y el miedo.

Recuerda que cada gran victoria comienza con un primer paso. Al dar ese paso con fe, estamos afirmando nuestra creencia en lo que podemos lograr. Es en esos momentos de acción donde el poder de nuestro subconsciente se activa, y comenzamos a ver la manifestación de nuestros sueños.

La Llamada a la Acción

A cada uno de ustedes que ha llegado hasta aquí, les insto a convertirse en los vencedores que están destinados a ser. No acepten las limitaciones que otros les imponen. Tienen la capacidad innata de convertirse en lo que siempre han querido. La clave está en dar ese primer paso, por pequeño que sea, y en mantener la fe en el proceso.

La Responsabilidad de la Iglesia

Es crucial que la iglesia y sus líderes reconozcan su papel vital en esta transformación. La confianza se ha perdido en muchos lugares, y es tarea de los pastores y líderes restaurar esa fe. Debemos enfocarnos en la sanidad espiritual y emocional de nuestros miembros, guiándolos hacia una relación genuina con Dios, en lugar de fomentar una dependencia autosuficiente de líderes humanos.

Los líderes deben trabajar incansablemente para ser ejemplos de la fe que predican. Su misión no es solo administrar, sino también inspirar y empoderar a su congregación. Al hacerlo, crean un ambiente donde cada individuo puede florecer y alcanzar su máximo potencial.

Un Futuro Brillante

Así que, queridos lectores, miren hacia el futuro con esperanza y determinación. La vida intencional está al alcance de su mano. Sean audaces, confíen en el poder que reside dentro de ustedes y busquen la guía de Dios en cada paso del camino. Recuerden que cada uno de ustedes es un vencedor, y el momento de actuar es ahora.

Con la fe como su ancla y la intención como su brújula, no hay límites para lo que pueden lograr. Abracen su poder, rechacen lo negativo y avancen con confianza hacia el destino que Dios ha diseñado para ustedes.

¡El mundo necesita tu luz!
¡El momento de brillar es hoy!

Conclusión

En este viaje hacia la autoexploración y el crecimiento personal, hemos descubierto el inmenso poder de nuestro subconsciente. Este no solo actúa como un sistema de alarma que nos alerta sobre peligros inminentes, sino que también posee una capacidad sorprendente para sanar nuestras heridas emocionales y físicas. A través de la conexión con nuestro interior, podemos encontrar una guía espiritual que nos acerca a Dios, proporcionando un sentido de propósito y dirección en nuestra vida.

Vivir intencionalmente significa tomar decisiones conscientes que nos alejan de los placeres efímeros, como los excesos sexuales, y nos permiten enfocarnos en lo que realmente nutre nuestro ser. Al hacerlo, desbloqueamos nuestro máximo potencial y comenzamos a transformar nuestra realidad. Este libro nos ha enseñado que el pensamiento humano tiene un poder formidable para moldear nuestra existencia al alinear nuestros pensamientos con nuestras intenciones, podemos crear la vida que deseamos.

La liberación del pasado es fundamental en este proceso. A través del perdón, tanto hacia nosotros mismos como hacia los demás, rompemos las cadenas que nos atan a viejas heridas y limitaciones. Este acto de liberación no solo nos brinda paz, sino que también nos empodera para avanzar con valentía hacia un futuro lleno de posibilidades. Es fundamental reflexionar sobre el poder transformador que tenemos al tomar control de nuestras vidas. La autoevaluación nos permite mirar hacia adentro y reconocer nuestras fortalezas y debilidades, fomentando un crecimiento auténtico y significativo.

Al evitar la promiscuidad y la lujuria, no solo protegemos nuestra integridad emocional y espiritual, sino que también cultivamos relaciones más profundas y significativas. Recordemos que cada paso que damos hacia una vida más consciente es un paso hacia nuestro verdadero potencial. Sigamos adelante, comprometidos con nuestro desarrollo y con la búsqueda de una existencia más rica y significativa.

 *¡El cambio comienza contigo!*

Mi deseo es que este libro, te permita de manera esencial reflexionar sobre las profundas verdades que hemos explorado en relación con la manipulación de la religión y el uso indebido de la fe para fines financieros. Hemos visto cómo, a lo largo de la historia, algunas instituciones han distorsionado enseñanzas sagradas, creando un paisaje donde la verdadera espiritualidad se ve empañada por intereses personales y económicos.

Al cerrar este libro, te animo a que continúes este viaje de auto descubrimiento. La vida intencional no es un destino, sino un camino que elegimos recorrer cada día. A medida que te conectas más profundamente con tu fe y te permites escuchar la voz de Dios, encontrarás la claridad y la fuerza necesarias para avanzar hacia una vida llena de significado y propósito. Recuerda que cada pequeño paso cuenta. Cada decisión intencional que tomes te acercará más a la vida que deseas.

No permitas que el pasado ni las opiniones de los demás limiten tu potencial. Eres un vencedor, y el poder de cambiar tu realidad está en tus manos. Confía en el proceso, abraza la transformación y vive con intención. El futuro que anhelas está esperando por ti.

¡Adelante, que el camino hacia tu mejor versión está lleno de luz y oportunidades!

Con gratitud y esperanza: **Miguel Calzado Polanco.**

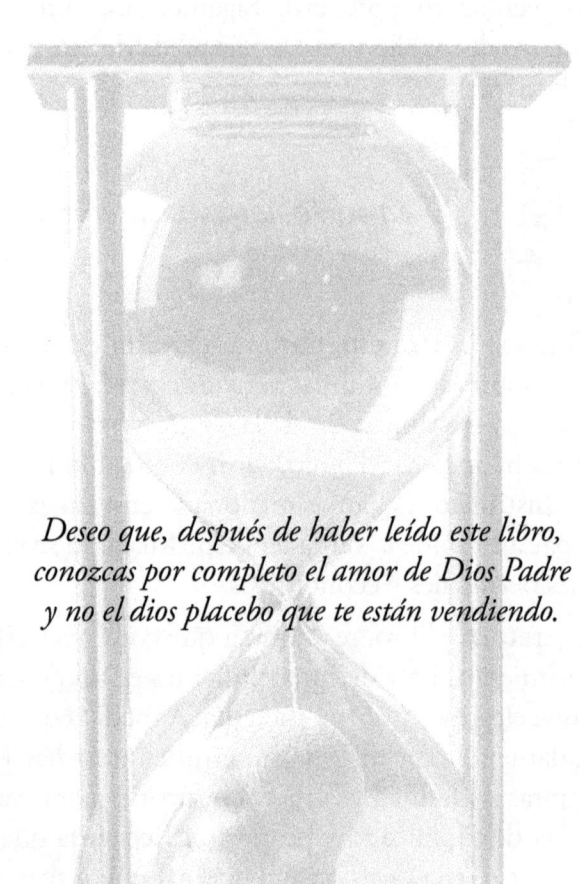

Deseo que, después de haber leído este libro, conozcas por completo el amor de Dios Padre y no el dios placebo que te están vendiendo.

BIOGRAFÍA
Autor

Miguel Calzado nació en Santo Domingo el 13 de junio de 1979. Desde muy joven, mostró un profundo interés por el liderazgo, el bienestar emocional y la superación personal. Obtuvo su licenciatura en Economía en la Universidad de Richmond, VA, y su carrera ha estado marcada por un compromiso inquebrantable con la sanidad emocional, convirtiéndose en un referente en el ámbito de la motivación y el desarrollo personal.

Impulsado por su pasión por el desarrollo humano, actualmente continúa sus estudios en Psicología y Consejería Ministerial en Grace Christian University. A lo largo de su trayectoria, ha adquirido certificaciones clave como el Certificado en Administración de Centros de Asistencia de Vida (CALA) y el Licenciatura en Enfermería, lo que refuerza su enfoque integral en el cuidado y el apoyo emocional de las personas.

Dedicado a ayudar a otros a encontrar su camino hacia la sanidad emocional, ha trabajado incansablemente con diversas comunidades y ministerios. Además, ha impartido talleres de negocios y ofrecido conferencias motivacionales que inspiran a las personas a transformar sus vidas a través del autoconocimiento, la resiliencia y el crecimiento personal.

Miguel continúa ejerciendo como autor, conferencista y coach, de negocios, y está comprometido con inspirar a otros a vivir con intención, propósito y alegría, a su vez, ayudando a las personas en su camino hacia una vida plena y significativa.

Con gratitud, Miguel

Editado por:
Publicaciones Gente de Valores
Gentv S. R. L. / RNC 132785908

📷 publicacionesgentv / alexisangulo7

✉ publicacionesgentv7@gmail.com
alexisangulo777@gmail.com

📞 +57 321 9972015

www.ingramcontent.com/pod-product-compliance
Lightning Source LLC
Chambersburg PA
CBHW031310150426
43191CB00005B/161